*Para uma Revolução
Democrática da Justiça*

BOAVENTURA DE SOUSA SANTOS

Para uma Revolução Democrática da Justiça

2015

Reimpressão da edição de Novembro de 2014

PARA UMA REVOLUÇÃO DEMOCRÁTICA DA JUSTIÇA

AUTOR
Boaventura de Sousa Santos

EDITOR
EDIÇÕES ALMEDINA, S.A.
Rua Fernandes Tomás, n.ºs 76-80 – 3000-167 Coimbra
Tel.: 239 851 904 · Fax: 239 851 901
www.almedina.net · editora@almedina.net

DESIGN DE CAPA
FBA.

PAGINAÇÃO
EDIÇÕES ALMEDINA, S.A.

IMPRESSÃO E ACABAMENTO
PAPELMUNDE

Maio, 2015
DEPÓSITO LEGAL
384058/14

Os dados e as opiniões inseridos na presente publicação são da exclusiva responsabilidade do(s) seu(s) autor(es).
Toda a reprodução desta obra, por fotocópia ou outro qualquer processo, sem prévia autorização escrita do Editor, é ilícita e passível de procedimento judicial contra o infrator.

BIBLIOTECA NACIONAL DE PORTUGAL – CATALOGAÇÃO NA PUBLICAÇÃO

SANTOS, Boaventura de Sousa, 1940-

Para uma revolução democrática da justiça
ISBN 978-972-40-5780-4

CDU 343

ÍNDICE

PREFÁCIO 7

INTRODUÇÃO 11

CAPÍTULO 1
A ÉPOCA DOS TRIBUNAIS 17
    O protagonismo dos tribunais e as transformações do Estado 17
    As políticas do judiciário e a politização do direito 33

CAPÍTULO 2
DEMOCRATIZAR A DEMOCRACIA DEMOCRATIZANDO
O ACESSO AO DIREITO 41
    As reformas processuais e a morosidade 42
    O sistema de acesso ao direito e aos tribunais:
        o exemplo da defensoria pública 51
    As custas judiciais 58
    As promotoras legais populares 62
    As assessorias jurídicas universitárias populares 65
    A capacitação jurídica de líderes comunitários 69
    A advocacia popular 73
    Contra o desperdício da experiência 77

CAPÍTULO 3
INOVAÇÕES INSTITUCIONAIS QUE PODEM SER PARTE
DA SOLUÇÃO 79
    A construção de uma justiça informal e próxima:
        os casos dos juizados especiais e dos julgados de paz 81
    Juizados especiais 81

Julgados de paz   86
As reformas de organização e gestão dos tribunais   90
Articulação institucional   95
Consolidação dos perfis profissionais   95
O tribunal como laboratório de gestão   95

CAPÍTULO 4
REFUNDAR O ENSINO DO DIREITO
E A FORMAÇÃO PROFISSIONAL   99
    O ensino do direito e a formação profissional   99
    A necessária revolução nas faculdades de direito   106
    As escolas da magistratura   115

CAPÍTULO 5
OS TRIBUNAIS E A TRANSFORMAÇÃO SOCIAL   121
    O papel do direito e dos tribunais nos conflitos estruturais   124
    A contra-revolução jurídica   133
    O velho e o novo pluralismo jurídico   135
    Os tribunais e os media   142
    A cultura jurídica e a independência judicial   145

CONCLUSÃO   147

BIBLIOGRAFIA   149

PREFÁCIO

Porquê publicar este livro em Portugal agora? Vivemos um tempo de asfixiante fechamento de alternativas democráticas que tenham por objectivo melhorar as condições de vida dos nossos concidadãos. As alternativas de que hoje se fala entre nós – por vezes formuladas em tom radical de "revolucionar", "repensar", "refundar" o Estado, a saúde, a segurança social, a educação, etc. – visam, pelo contrário, legitimar políticas que pioram drasticamente as condições de vida dos portugueses: o empobrecimento abrupto da classe média; a eliminação de direitos que se julgavam escritos na pedra da Constituição; a suspensão real dos processos democráticos quando as decisões que mais directamente afectam a vida dos cidadãos e das comunidades decorrem de tutelas estrangeiras, executadas com a conivência servil da classe política governante; a perda da estabilidade mínima que permite planear a vida familiar, o desempenho profissional, a educação dos filhos; a conversão da justa aspiração a uma vida melhorar num imoral desejo de viver acima das possibilidades.

Este livro visa romper com esta asfixia e ousa propor alternativas numa área importante da vida colectiva – o acesso ao direito e à justiça – de que podem resultar melhorias para a vida dos portugueses. Perante o quadro que descrevi, tal ousadia pode parecer utópica, mesmo que assente em experiências concretas de um país nada distante de nós, o Brasil. Pois que o seja se for o único meio de lutar contra a distopia vigente que proíbe os portugueses de desejar o seu bem-estar e a normalidade democrática.

Este livro teve por base a palestra que proferi em Brasília, no dia 6 de Junho de 2007, a convite do Ministro da Justiça do Brasil, Tarso Genro e do Secretário de Estado da Reforma do Judiciário,

Rogério Favreto, sobre o tema da democratização do acesso à justiça. Foi publicado inicialmente no Brasil em 2007. A terceira edição (revista e aumentada) é de 2011.

A edição portuguesa, que ora vos apresento, é baseada na terceira edição brasileira com adaptações e acrescentos. Esta edição não seria possível sem o indefectível entusiasmo e exigente profissionalismo da minha colega Conceição Gomes, directora executiva do Observatório Permanente da Justiça do Centro de Estudos Sociais da Universidade de Coimbra, e das minhas colaboradoras Élida Lauris e Paula Fernando. E ao contributo delas juntou-se, com igual entusiasmo e profissionalismo, o contributo do meu colega César Baldi que actualizou e verificou os dados relativos ao Brasil.

A actual crise por que passa a sociedade portuguesa é, em muitos aspectos, um agravamento qualitativo de tendências que vêm muito de trás e para as quais tenho vindo a chamar a atenção nos últimos trinta anos. Face a um contexto teórico e político atávico e paralisante, tenho vindo a salientar a importância de construir alternativas que valorizem tanto as experiências internacionais, quanto a inovação e a experimentação que pode surgir no âmago da sociedade. Na área da sociologia do direito e da justiça tenho vindo a defender que tanto o direito como a administração da justiça têm um papel fundamental nas sociedades contemporâneas e que, dependendo das orientações que lhes presidirem, tanto podem ser um factor de democratização da vida colectiva, como um factor de autoritarismo anti-democrático. Com este livro, pretendo fortalecer as orientações democratizantes do direito e da justiça, centrando-me num tema que desde sempre tenho considerado crucial, o acesso à justiça. Por reunir as tensões e disjunções do conflito entre justiça procedimental e justiça material, o acesso à justiça é uma janela analítica privilegiada para se discutir a reinvenção das bases teóricas, práticas e políticas de um repensar radicalmente democrático do direito.

Neste livro, para além de um caleidoscópio de experiências e práticas de intervenção vigentes, tanto na América Latina, em especial no Brasil, como no contexto europeu, em especial em Portugal, o leitor encontrará, ainda, uma versão didáctica e introdutória aos principais pilares da teoria crítica do direito que venho desenvolvendo.

Para além dos apoios ja referidos na preparação desta versão, contei com muitos outros na preparação das versões anteriores, apoios tão competentes quanto dedicados, de vários colegas, colaboradores e estudantes. Em ordem alfabética: A. César Bochneck, César Baldi, Fábio Sá e Silva, Flávia Carlet, Luciane Lucas, Fernanda Vieira, Gilselene Francischetto, Luciana Cunha, Mariana Quintans, Orlando Aragón e Rosane Lacerda. Partilhando solidariamente comigo as minhas preocupações e aspirações na luta por um direito e uma justiça mais democráticos, souberam ajudar-me a fundamentar os meus argumentos. A generosidade deles viu em mim um porta-voz das suas lutas por uma sociedade mais justa. Não podendo ser o que eles imaginaram, apenas desejo que a minha voz não traia a voz deles. O precioso apoio dos meus estudantes brasileiros e das investigadoras do Observatório Permanente da Justiça Portuguesa será particularmente notado pelos leitores pois foram eles que me guiaram no labirinto de detalhes da justiça portuguesa e brasileira. A todas e todos, o meu muito obrigado.

Ao José Geraldo de Sousa Júnior, Professor e ex-Reitor da Universidade de Brasília, um agradecimento especial, não só pelos anos de amizade e interlocução intelectual que partilhamos mas também pela generosidade com que organizou seminários de discussão sobre a primeira versão do livro na Universidade de Brasília. Na sua pessoa, agradeço aos estudantes universitários e aos participantes do programa de Capacitação de Promotoras Legais Populares que tiveram a disponibilidade e a boa vontade de dividirem as ideias, as preocupações e as recomendações que o meu texto lhes suscitou.

Ao professor Roberto Amaral, ao professor Gilberto Bercovici e à juíza do Tribunal de Justiça do Distrito Federal, Gláucia Falsarella Foley, que participaram como comentadores da palestra que proferi, um reconhecido agradecimento pelos notáveis comentários que em muito enriqueceram a palestra e o seu resultado final, o livro.

Este, como muitos dos meus trabalhos, é essencialmente dialógico. Não teria sido possível sem o permanente debate com os estudantes, colegas, operadores do direito, activistas, integrantes de movimentos e organizações sociais que, quer em Portugal, quer nos outros países em que tenho trabalhado, têm sido fonte constante de inspiração e estímulo intelectual. A luta por um direito e uma justiça mais democráticos é uma luta colectiva e, por essa razão, não posso deixar de referir a importância da contribuição e da cumplicidade de inúmeros amigos e colegas que têm enfrentado comigo os desafios de construção de uma teoria crítica do direito.

INTRODUÇÃO

Somos herdeiros das promessas da modernidade e, muito embora as promessas tenham sido auspiciosas e grandiloquentes (igualdade, liberdade, fraternidade), temos acumulado um espólio de dívidas. Cada vez mais e de forma mais insidiosa, temos convivido no interior de Estados democráticos clivados por sociedades fascizantes em que os índices de desenvolvimento são acompanhados por indicadores gritantes de desigualdade, exclusão social e degradação ecológica. Utilizando a expressão de Warat, a promessa de igualdade nunca passou de uma fantasia jurídica. "Uma nova forma de hierarquia se estabelece, desta maneira, sob a forma de uma sociedade individualista e administrativa. Se todos se tornam juridicamente iguais, eles vêm a ser igualmente dominados por uma instância que lhes é superior. A uniformidade, a igualização e a homogeneização dos indivíduos facilita o exercício do poder absoluto em vez de impedi-lo"[1]. Se as promessas da modernidade continham em si um vigoroso potencial emancipatório, o afunilamento deste projecto político-cultural, a par do avanço e da consolidação do capitalismo como modo de produção, transformou a emancipação e a regulação social em duas faces da mesma moeda.

Quando conseguimos ver para além da fantasia, as promessas são, na verdade, problemas e a questão que se impõe é: como resolvê-los quando algumas das soluções apresentadas (liberalismo, socialismo) fracassaram ou foram enfraquecidas? A resposta a esta pergunta admite pelo menos duas posições que se contrapõem. De um lado, podemo-nos reconciliar com a sociedade em que vivemos e celebrar o que existe meramente como existe.

---

[1] Warat, 1992.

De outro lado, é possível submetê-la a uma crítica radical, transgredindo as fronteiras sociais, culturais, políticas, epistemológicas e teóricas de forma a cumprir o potencial emancipatório das promessas da modernidade. Dada a situação de crise em que vivemos, é difícil imaginar que nos possamos reconciliar com a sociedade que temos e muito menos celebrá-la. Só nos resta, pois a segunda posição e é com base nela que tenho defendido o repensar radical das concepções dominantes do direito.

Esta nova atitude teórica, prática e epistemológica, que denomino novo senso comum jurídico, tem por base três premissas principais. A primeira é uma crítica ao monopólio estatal e científico do direito. Esta premissa exige que sejam desveladas as alternativas ao dogmatismo jurídico e à teoria positivista do direito, apostando numa concepção forte de pluralismo jurídico e numa concepção política do direito. A concepção de um direito plural, que está presente de diferentes formas em diferentes espaços de sociabilidade e que neles pode assumir o papel contraditório de ser simultaneamente fonte de poder, discriminação e exclusão e instrumento de luta contra o poder, a discriminação e a exclusão, está no centro do novo senso comum jurídico que defendo. A segunda premissa consiste no questionamento do carácter despolitizado do direito e da administração da justiça e na necessidade de repolitizar o direito e a justiça como factores de democratização. A posição eminentemente política do liberalismo de reduzir o direito ao Estado foi a primeira condição da despolitização do direito. A crítica desta posição leva a reconfigurar o papel da principal instância de resolução de conflitos e aplicação do direito erigida nos marcos da modernidade, os tribunais. As transformações sofridas pelos tribunais ao longo da história do Estado moderno conferiram-lhe uma posição oscilante e ambígua. Ante os desafios e dilemas do acesso ao direito, da garantia de direitos, do controlo da legalidade, da luta contra a corrupção e das tensões entre a justiça e a política, os tribunais foram mais vezes parte do problema do que parte da solução. Daí que a compreensão do desempenho dos tribunais exija um entendimento mais amplo sobre o que devem ser as funções do sistema judicial, de modo a discutir-se, tanto as suas funções instrumentais (resolução de conflitos, controlo social), como as suas funções políticas e simbólicas.

A terceira premissa do novo senso comum jurídico requer que se amplie a compreensão do direito como princípio e instrumento da transformação social politicamente legitimada, dando atenção para o que tenho vindo a designar por legalidade cosmopolita ou subalterna, ou seja, o recurso ao direito e à reivindicação de direitos por parte de grupos sociais oprimidos, excluídos ou discriminados. Na medida em que tem êxito, a actuação destes grupos devolve ao direito o seu potencial emancipatório.

A actual crise económica e os atropelos diários às garantias jurídicas que dela decorrem, sobretudo a precarização dos direitos sociais, obrigam a perguntar: de que lado estão o direito e os tribunais? Do lado dos querem destruir a democracia ou reduzi-la a uma formalidade sem substância ou do lado dos que querem defender a democracia e mesmo reforçá-la? Ao valorizar a diversidade das experiências jurídicas do mundo, este livro busca ampliar o horizonte de possibilidades na área do direito e da justiça e assim dar argumentos aos que lutam para que, confrontados com esta pergunta, prevaleça a resposta dos que estão do lado da defesa e do reforço da democracia. Para isso recorre a uma análise extensiva, crítica e criativa dos principais vectores de refundação democrática do papel do direito e da justiça, tendo como ponto de partida as transformações sofridas pelos tribunais nas últimas décadas.

Estou consciente que a revolução democrática do direito e da justiça, que dá o título ao livro, só faz verdadeiramente sentido no âmbito de uma revolução mais ampla que inclua a democratização do Estado e da sociedade. Centrando-me no sistema jurídico e judicial estatal, começo por chamar a atenção para o facto de o direito, para ser exercido democraticamente, ter de assentar numa cultura democrática, tanto mais preciosa quanto mais difíceis são as condições em que ela se constrói. Tais condições são, efectivamente, muito difíceis, especialmente face à distância que separa o direito e os direitos das práticas sociais que impunemente os violam. A frustração sistemática das expectativas democráticas pode levar à desistência da democracia e, com isso, à desistência da crença no papel do direito na construção da democracia.

Esta probabilidade tende a aumentar com o crescimento das desigualdades sociais e com a consciência social da sua injustiça. Se é verdade que as sociedades contemporâneas são cada vez mais desiguais, não é menos verdade que os cidadãos, e, em especial, as classes populares, têm hoje consciência de que as desigualdades não são uma fatalidade e que, ao contrário, constituem violações injustas de direitos contra as quais há que lutar. Ao contrário do que afirma o discurso conservador, a consciência da necessidade dessa luta não falta na Europa de hoje. O que faltam são as mediações jurídicas e políticas que permitam dar a essa luta uma perspectiva de êxito que motive as pessoas a superar os constrangimentos que os riscos das lutas envolvem. Daí, a importância de reavaliar tais mediações à luz de um sociologia político-jurídica comparada. A experiência de outros continentes mostra que, longe de se limitarem a chorar na inercia da vitimização, os grupos sociais empobrecidos, discriminados e excluídos, cada vez mais reclamam serem ouvidos e organizam-se para resistir. São, aliás, testemunhas de uma consciência complexa dos direitos, já que combina direitos individuais e direitos colectivos (ambientais, dos consumidores, dos desempregados, dos trabalhadores precários, dos camponeses sem terra, dos povos indígenas, das comunidades imigrantes, dos afro-descendentes, das comunidades quilombolas[2], do meio

---

[2] Para os menos familiarizados com o termo, no Brasil são consideradas comunidades de quilombo os grupos afro-descendentes que lutam pela sua identidade étnica, pelo reconhecimento da sua resistência e pela autonomia dos territórios que ocu-

ambiente, etc.), o direito à igualdade e o direito à diferença (étnica, cultural, de género, religiosa, de orientação sexual). É essa nova consciência de direitos e a sua complexidade que torna o actual momento sociojurídico tão estimulante quanto exigente.

pam desde longa data. De acordo com site da Comissão Pró-Índio, as comunidades quilombolas: "(...) se constituíram a partir de uma grande diversidade de processos, que incluem as fugas com ocupação de terras livres e geralmente isoladas, mas também as heranças, doações, recebimentos de terras como pagamento de serviços prestados ao Estado, simples permanência nas terras que ocupavam e cultivavam no interior de grandes propriedades, bem como a compra de terras, tanto durante a vigência do sistema escravocrata quanto após sua abolição. O que caracterizava o quilombo, portanto, não era o isolamento e a fuga e sim a resistência e a autonomia. O que define o quilombo é o movimento de transição da condição de escravo para a de camponês livre. (...) a classificação de comunidade como quilombola não se baseia em provas de um passado de rebelião e isolamento, mas depende antes de tudo de como aquele grupo se compreende, se define"(http://www.cpisp.org.br/comunidades/html/i_oque.html, acedido em 30 de Abril de 2011).

CAPÍTULO 1
A ÉPOCA DOS TRIBUNAIS

O protagonismo dos tribunais e as transformações do Estado
É neste contexto que se deve analisar o fenómeno que ficou conhecido como expansão global do poder judiciário[1], o crescente protagonismo social e político do sistema judicial e do primado do direito. Por que razão estamos hoje tão centrados na ideia do direito e do sistema judicial como factores decisivos da vida colectiva democrática, do desenvolvimento de uma política forte e densa de acesso ao direito e à justiça, enfim, na ideia de levar a sério o direito e os direitos? Como é que chegámos até aqui? E até onde poderemos ir com os instrumentos que temos? Procurarei, de seguida, responder a estas questões.

Até muito recentemente, poucos de nós saberíamos os nomes dos juízes dos tribunais superiores ou supremos ou dos tribunais constitucionais. Os tribunais eram, como dizia o meu professor da Universidade de Yale, Alexander Bickel, o *"least dangerous branch of government"* – o órgão de soberania menos perigoso ou mais fraco por não ter sequer condições para a executar as suas próprias sentenças. Vivia, pois, na obscuridade de um insuperável *low profile*.

Durante parte do século XX, quando polémicos ou objectos de acesa atenção pública, os tribunais inclinaram-se para o conservadorismo, para o tratamento discriminatório da agenda política ou dos agentes políticos progressistas. Destacavam-se pela incapacidade de acompanhar os passos mais inovadores da transformação social, económica e política, muitas vezes sufragados pela maioria da população. Em momentos de transformação social e política particularmente turbulenta, profunda e acelerada, quando era

---
[1] Ver Tate e Vallinder, 1995.

impossível fugir a algum protagonismo, os tribunais tenderam a tomar partido pelas forças conservadoras. Um dos casos mais dramáticos disto mesmo, foram as decisões do Supremo Tribunal da Alemanha, na República de Weimar, logo depois do fracasso da revolução alemã (1918-21), e os seus critérios duplos na punição da violência política da extrema-esquerda (comunistas e anarquistas) e da violência da extrema-direita (fascistas e nazistas). A diferença das penas para actos violentos semelhantes era chocante, punindo muito mais duramente a extrema-esquerda que a extrema-direita. Isso foi um tema de grande debate público e primeiro prenúncio do que dramaticamente aconteceu, anos mais tarde, com o nazismo[2].

Também, nos anos de 1930, o Supremo Tribunal de Justiça dos Estados Unidos destacou-se pelo modo como bloqueou sistematicamente as grandes reformas do Presidente Roosevelt, conhecidas por *New Deal*, invocando concepções de direito civil e de propriedade estritamente individualistas que não permitiam fazer avançar as reformas[3]. Também no Chile, no início da década de 1970, num momento de forte transformação política progressista conduzida pelo Presidente Salvador Allende, os tribunais adoptaram uma posição muito conservadora. Por não ter no Congresso uma maioria que garantisse a aprovação de mudanças legislativas, o Presidente Allende tentou implementar o seu plano de governo

---

[2] Ver Santos *et al*, 1996.

[3] Os EUA, contudo, têm sido o país em que mais se desenvolveu o activismo judicial ao longo do século XX, a ponto de as experiências de protagonismo judicial noutras regiões do mundo poderem ser referidas como um fenómeno de "norte--americanização" da justiça (Santos, 2009: 463). Já nos anos de 1960, podemos identificar uma afirmação de grande progressismo do Supremo Tribunal americano, com o chamado *Warren Court* que foi um baluarte da luta contra o racismo ao atender as reivindicações do movimento negro na luta pelos direitos cívicos. Era uma luta de muitas décadas, até de séculos, a que o sistema judicial de então deu uma resposta progressista. Hoje, nas primeiras décadas do século XXI, volta a falar-se de activismo judicial por parte do tribunal supremo mas desta vez de sinal político contrário, conservador.

através da aplicação de leis promulgadas nos anos de 1930, durante uma brevíssima república socialista, e que os governos seguintes se esqueceram de revogar. Alguns dos melhores advogados do país, solidários com Allende, travaram duras lutas jurídicas para garantir a aplicação de leis que formalmente ainda estavam em vigor. A reacção do sistema judicial foi totalmente negativa, assumindo uma posição extremamente conservadora que inviabilizou muitas das propostas do governo socialista.

Na maior parte do século XX, nos países latino-americanos, o judiciário não figurou como tema importante da agenda política, cabendo ao juiz a figura inanimada de aplicador da letra da lei emprestada do modelo europeu. A construção do Estado latino-americano ocupou-se mais com o crescimento do executivo e da sua burocracia, procurando converter o judiciário numa parte do aparato burocrático do Estado – um órgão para o poder político controlar – de facto, uma instituição sem poderes para controlar o Estado e seus mecanismos reguladores[4].

Nos anos de 1950 e 1960, a política de substituição de importações e o Estado desenvolvimentista não viam os tribunais como parte das estratégias de superação do subdesenvolvimento. Na verdade, para as elites governantes, qualquer interferência na legislação deveria ser inibida para não prejudicar os novos modos de organização da produção. No pólo oposto, e por razões muito diferentes, a esquerda revolucionária tão pouco se ocupava do judiciário como mecanismo importante para a promoção da justiça social. Nos anos de 1970 e 1980, os regimes autoritários, por sua vez, não estavam interessados em fortalecer a instituição judicial ao ponto de ela poder interferir com as suas práticas repressivas.

Contudo, desde os finais da década de 1980, o sistema judicial adquiriu uma forte proeminência em muitos países, não só latino-americanos, mas também europeus, africanos e asiáticos. Este pro-

---

[4] Ver Sutil, 2000: 243-249.

tagonismo mais recente dos tribunais não se dirige explicitamente ao favorecimento de agendas ou forças políticas conservadoras ou progressistas, assentando antes num entendimento mais amplo do controlo da legalidade e apostando, por vezes, na constitucionalização do direito ordinário como estratégia hermenêutica de um garantismo mais ousado dos direitos dos cidadãos. Por outro lado, ainda que a notoriedade pública ocorra em casos que constituem uma fracção infinitesimal do trabalho judiciário é suficientemente recorrente para não parecer excepcional e para corresponder a um novo padrão do intervencionismo judiciário.

Ao abandonar o *low profile* institucional, o judiciário assume-se como poder político, colocando-se em confronto com os outros poderes do Estado, em especial com o executivo. Esta proeminência e, consequentemente, o confronto com a classe política e com outros órgãos de poder soberano tem-se manifestado sobretudo em três campos: na garantia de direitos, no controlo da legalidade e dos abusos do poder e na judicialização da política. Na década de 1990 do século passado, em Itália, pudemos assistir à prisão, em Milão e Roma, de várias centenas de grandes empresários e políticos no âmbito da grande iniciativa judicial contra a corrupção, a chamada operação mãos limpas (*mani pulite*), que levou à desestruturação do sistema político italiano do pós-guerra. Nos anos mais recentes ficaram conhecidas as tentativas do governo de Berlusconi para tentar domesticar o ministério público e o sistema judiciário em geral, procurando evitar que voltassem a assumir tal notoriedade.

Para este novo protagonismo não é possível identificar uma só razão. Em primeiro lugar, devemos ter em conta a posição do país no sistema mundial e o seu nível de desenvolvimento económico e social. A experiência e a trajectória dos tribunais são diferentes nos países centrais, nos países semiperiféricos, como é o caso de Portugal e do Brasil, e nos países periféricos de África e de outros países da América Latina. E é também diferente consoante as diferentes culturas jurídicas que existem nesses países e os processos históricos que levaram à construção do Estado. Por exemplo, nos países que estiveram sujeitos ao colonialismo europeu as marcas deixadas por ele são ainda hoje visíveis tanto no sistema jurídico como no sistema judicial. Apesar da diversidade internacional neste domínio, é possível dizer, muito em geral, que o novo protagonismo dos tribunais está relacionado com o desmantelamento do Estado intervencionista, quer do Estado desenvolvimentista de muitos países da periferia e semiperiferia do sistema mundial, quer do Estado-Providência, o Estado de bem-estar relativamente avançado, que tem vigorado em muitos países da Europa, caracterizado por políticas sociais universais com forte conteúdo redistributivo, o Modelo Social Europeu (altos níveis de competitividade combinados com altos níveis de protecção social). Efectivamente, nos últimos trinta anos, com o neoliberalismo, criou-se o mito de que o Modelo Social Europeu não poderia ser exportado e de que, pelo contrário, só o modelo liberal norte-americano era potencialmente universal[5]. A crise financeira e económica que assola o Sul

---

[5] A sociologia económica e política distingue vários modelos de capitalismo: capitalismo liberal, norte-americano; capitalismo social-democrático, europeu, com várias *nuances*; capitalismo corporativo, asiático, também com algumas variantes; e o capitalismo semiperiférico do sul da Europa. Com o avanço do neoliberalismo, passou a entender-se que o modelo norte-americano era, não só o melhor, como também o único com capacidade de sobrevivência. Como é sabido, este modelo sempre assentou num fraquíssimo Estado social, o que explica, por exemplo, que 49 milhões de cidadãos do país mais rico do mundo não tenham até agora seguro médico por incapacidade financeira para o pagar. Nos últimos anos, assistimos ao duelo entre a administração Obama e a oposição no que toca à reforma do sistema de saúde. A proposta do governo visava o alargamento da cobertura de saúde, passando a incluir 31 milhões de pessoas. Com a vitória de Barack Obama nas eleições de 2012 e depois do o Supremo Tribunal ter julgado improcedente uma acção que questionava a constitucionalidade da reforma, é de prever que o sistema de saúde norte-americano se torne mais inclusivo ainda que isso implique um fortalecimento perigoso das companhias de seguros de saúde. O modelo social europeu tem estado sob ataque nos diferentes países europeus e os outros países do mundo têm sido

da Europa desde 2009 é reveladora da intenção do neoliberalismo imperante em mostrar que nem mesmo na Europa o modelo social europeu é sustentável.

O protagonismo dos tribunais emerge desta mudança política por duas vias: por um lado, o novo modelo de desenvolvimento assenta nas regras de mercado e nos contractos privados e, para que estes sejam cumpridos e os negócios tenham estabilidade, é necessário um judiciário eficaz, rápido e independente; por outro lado, a precarização dos direitos económicos e sociais passa a ser um motivo de procura do judiciário. Parte da litigação que hoje chega aos tribunais deve-se ao desmantelamento do Estado social (direito laboral, previdência social, educação, saúde, etc.). A Suécia, provavelmente detentora do melhor sistema de Estado de bem-estar da Europa, tem baixíssima litigação judicial; a Holanda é, também, um dos países com uma das mais baixas taxas de litigação na Europa. O que significa que a litigação tem a ver, não só com culturas jurídicas e políticas, mas também com o nível de efectividade da aplicação dos direitos e com a existência de estruturas administrativas que sustentem essa aplicação.

Desde o primeiro Governo Lula, o Brasil, sem ter um Estado--providência muito denso, tem vindo a consolidar novas políticas sociais selectivas (sujeitas à prova de rendimentos)[6]. A Constituição

pressionados a não tentarem a sua adopção. Para os sectores conservadores e o capital financeiro a crise financeira que assola hoje a Europa do Sul e amanhã talvez toda a Europa só terá "solução" na medida em que o Estado social for desmantelado.

[6] O bolsa família, por exemplo, pode ser citado como programa social com um nível de execução bastante elevado. Criado pela Lei nº 10.836/2004, de 9 de Janeiro, é um programa de transferência de renda directa através do qual o Governo Federal brasileiro concede benefícios em dinheiro mensais e variáveis a famílias em situação de extrema pobreza. O programa associa o benefício financeiro ao acesso a direitos sociais básicos: saúde, educação, alimentação e assistência social. Para tanto, a execução do programa é descentralizada e requer o esforço, para além do Governo Federal, de Estados e Municípios. O poder público é responsável pela oferta de serviços educacionais e de saúde, cabendo aos Municípios a inscrição das famílias

de 1988, símbolo da redemocratização brasileira, foi responsável pela ampliação do rol de direitos, não só civis, políticos, económicos, sociais e culturais, como também dos chamados direitos de terceira ou quarta geração: meio ambiente, qualidade de vida e direitos do consumidor. Mesmo descontando a debilidade crónica dos mecanismos de implementação, a Constituição de 1988 veio aumentar as expectativas dos cidadãos de verem cumpridos os direitos e as garantias, de tal forma que, a execução deficiente de muitas políticas sociais pode transformar-se num motivo de procura dos tribunais. Acresce o facto de, também a partir da Constituição de 1988, se terem ampliado os mecanismos e as instituições a que se pode lançar mão para recorrer aos tribunais, como, por exemplo, a ampliação da legitimidade para propositura de acções directas de inconstitucionalidade, a possibilidade de as associações interporem acções em nome dos seus associados[7], a consagração da autonomia do Ministério Público e a opção por um modelo público de assistência jurídica e promoção do acesso à justiça. A redemocratização e o novo marco constitucional deram maior credibilidade ao uso da via judicial como alternativa para alcançar direitos. Sem surpresa, os instrumentos jurídicos que estavam presentes no período autoritário, como a acção popular e acção civil pública, passam a ser largamente utilizados só depois de 1988. Um caso exemplar do recurso à intervenção judiciária para tentar impedir o desmantelamento do Estado desenvolvimentista brasileiro foi o das várias acções judiciais propostas para anular os

---

pobres no Cadastramento Único. Para continuarem a receber o benefício, as famílias obrigam-se a manter as crianças e adolescentes na escola e a comparecer nos postos de saúde para o acompanhamento de gestantes e crianças menores de sete anos.
[7] No campo das estratégias jurídico-institucionais existentes no Brasil para viabilizar e fomentar a defesa judicial de direitos colectivos, difusos e individuais homogéneos, deve-se citar ainda a Lei de Acção Civil Pública e as importantes alterações trazidas pelo Código de Defesa do Consumidor.

editais de privatização das empresas estatais, sobretudo, durante o governo Fernando Henrique Cardoso[8].

Outro exemplo, no domínio das políticas de saúde é o recurso aos tribunais para garantir o acesso a medicamentos e tratamentos médicos[9].Nos noticiários jurídicos brasileiros abunda a publicitação de casos de cidadãos que, através do poder judiciário, obtêm o acesso a tratamentos especializados e a exames médicos gratuitos[10]. Temos, assim, o sistema judicial a substituir-se ao sistema da administração pública, a quem primordialmente compete a efectivação das prestações sociais.

Em Portugal, a forte limitação dos instrumentos processuais na jurisdição administrativa, que se manteve até à reforma do contencioso administrativo de 2004, não permitiu que ao alargamento do

---

[8] Para uma análise mais detalhada das possibilidades de intervenção judicial contra acções políticas e económicas do Governo no caso brasileiro, ver Arantes, 1997.

[9] Um magistrado brasileiro referiu-me que uma boa parte do seu trabalho era dar medicamentos.

[10] Face à recorrente incidência de processos relacionados com o direito à saúde no Supremo Tribunal Federal (STF), o tema foi objecto de uma audiência pública neste tribunal em 2009. No âmbito do julgamento do Agravo Regimental na Suspensão de Liminar nº 47, o STF ressaltou a obrigação do Estado de assegurar o direito à saúde, não estando comprovadas grave lesão à ordem, à economia, à saúde e à segurança pública. De acordo com a conclusão do voto do Relator, Ministro Gilmar Mendes: "a ineficiência administrativa, o descaso governamental com os direitos básicos da pessoa (como o direito à saúde), a incapacidade de gerir os recursos públicos, a falta de visão política na justa percepção, pelo administrador, do enorme significado social de que se reveste à protecção à saúde, a inoperância funcional dos gestores públicos na concretização das imposições constitucionais não podem nem devem representar obstáculos à execução, pelo Poder Público, da norma inscrita no art. 196 da Constituição da República...". Em Agosto de 2010, foi instalado no âmbito do Conselho Nacional de Justiça o Fórum Nacional do Judiciário para Monitoramento e Resolução das Demandas de Assistência à Saúde. De acordo com os dados preliminares recolhidos pelo Fórum, registam-se mais de 11 mil processos nas justiças estadual e federal relativos a demandas de assistência à saúde. Sobre o tema, ver Nunes, 2010; Ventura *et al*, 2010; Borges e Ugá, 2010.

catálogo de direitos constitucionalmente consagrados e à previsão de normas programáticas provenientes da Constituição de 1976 correspondesse um aumento do recurso aos tribunais no que toca à efectivação de direitos sociais, económicos e culturais. Durante quase 30 anos, a jurisdição administrativa viu-se manietada por constrangimentos processuais, que erigindo a separação de poderes em princípio absoluto, dificultava seriamente a mobilização do sistema judicial contra o executivo. A partir de 2004, os tribunais da jurisdição administrativa passaram a ocupar o palco central de resolução de litígios há muito afastados da cena judicial, fruto, não só da maior consolidação da consciência social dos direitos, nomeadamente dos direitos de terceira geração, mas também da reforma do contencioso administrativo[11].

Na passagem de regimes autoritários para regimes democráticos, as sociedades periféricas e semiperiféricas passaram pelo que designo de curto-circuito histórico, ou seja, pela consagração no mesmo acto constitucional de direitos que nos países centrais foram conquistados num longo processo histórico (daí falar-se de várias gerações de direitos). A constitucionalização de um conjunto tão extenso de direitos sem o respaldo de políticas públicas e sociais consolidadas, torna difícil a sua efectivação, e abre espaço para uma maior intervenção judicial a partir do controlo da cons-

---

[11] Veja-se, entre muitos outros exemplos, dois particularmente expressivos. Por um lado, as sentenças proferidas nas acções cautelares propostas com vista à suspensão dos actos de concessão de licença para a co-incineração de resíduos perigosos e não perigosos em Souselas e no Outão, que constituíram uma referência histórica no marco da acção ambientalista. Por outro, a acção proposta pelas organizações não-governamentais *Women on Waves*, Não te Prives, Acção Jovem pela Paz, Clube Safo e UMAR, contra o Ministério da Defesa Nacional e dos Assuntos do Mar e o Instituto Portuário e dos Transportes Marítimos, que haviam impedido a entrada em águas territoriais nacionais do navio *Borndiep*, que possuía a bordo uma clínica apretrechada para realizar interrupções voluntárias de gravidez. A ação baseou-se no pedido de intimação para protecção de direitos liberdades e garantias, então acabado de criar.

titucionalidade do direito ordinário. Se no caso brasileiro, um bom exemplo desse tipo de intervenção judicial está na protecção jurídica alcançada por casais homoafectivos – ao aplicar o princípio constitucional da igualdade, as decisões judiciais têm atribuído direitos aos casais homossexuais a despeito da inexistência de uma lei específica que tutele seus interesses[12] – em Portugal, o recurso aos tribunais no caso do direito LGBTT ao casamento civil assumiu um carácter conservador, tendo sido alcançado pela via política[13].

[12] Neste âmbito, vale referir a jurisprudência que, no Brasil, vem sendo construída no Superior Tribunal de Justiça (STJ). Veja-se, por exemplo, decisão do Recurso Especial nº 395.904/RS em que foram reconhecidos direitos previdenciários a casais homossexuais (Relator Ministro Hélio Quaglia Barbosa, sexta turma). Em Abril de 2010, o STJ, em forma inédita e histórica, decidiu pela consagração do direito de adopção independente da orientação sexual. Em 2009, na Acção de Descumprimento de Preceito Fundamental nº 178, a Procuradora-Geral da República pediu que se declare a união entre pessoas do mesmo sexo como entidade familiar, desde que atendidos os requisitos exigidos para a constituição de união estável entre homem e mulher e que os mesmos direitos e deveres dos companheiros de união estável estendam-se aos companheiros nas uniões entre pessoas do mesmo sexo. Sobre o tema ver Rios, 2002; Dias, 2000 e Kotlinski *et al* (orgs.), 2007.

[13] Mais recentemente, o Tribunal Constitucional foi chamado a pronunciar-se sobre esta questão por duas vezes. A primeira, antes da aprovação da Lei nº 9/2010, de 31 de Maio, que permite o casamento civil entre pessoas do mesmo sexo, na qual aquele tribunal entendeu que "saber se as normas impugnadas [referentes ao casamento civil] violam o princípio da igualdade é uma questão cuja resposta se encontra na concepção do casamento adoptada", que cabe apenas ao legislador ordinário, não existindo qualquer imposição constitucional na previsão de um casamento entre pessoas do mesmo sexo. Decidiu o tribunal que "improcede, assim, a alegada violação do direito a contrair casamento e, ainda, a dos princípios da dignidade da pessoa humana e da igualdade, sendo certo que é manifestamente deslocada a invocada violação da garantia de constituição e tutela de família, resultante do artigo 36º, nº 1, conjugado com o artigo 67º da Constituição, já que nada obsta a que as recorrentes, mesmo sem a celebração jurídica do casamento, pudessem ou possam constituir "família" (Acordão nº 359/2009, ver http://www.tribunalconstitucional.pt/tc/acordaos/20090359.html, acedido em 30 de Abril de 2011). A segunda vez foi para se pronunciar, a título preventivo, por solicitação do Presidente da República,

Uma outra razão para o protagonismo dos tribunais é o combate à corrupção[14]. Esta foi sempre uma questão tratada em duas perspectivas nos estudos sociojurídicos: a da luta jurídica e judiciária contra a corrupção; e a da luta contra a corrupção dentro do judiciário. Particularmente nos países periféricos do sistema mundial, assume especial urgência a luta contra a corrupção do judiciário

sobre o decreto da Assembleia da República que viria a dar origem ao casamento civil entre pessoas do mesmo sexo. Neste segundo acórdão (Acórdão nº 121/2010), o Tribunal Constitucional decidiu não se pronunciar pela inconstitucionalidade das normas aí contidas, argumentando que, da mesma forma que a Constituição não impõe a existência de um casamento entre pessoas do mesmo sexo, também não o proíbe (ver http://www.tribunalconstitucional.pt/tc/acordaos/20100121.html, acedido em 30 de Abril de 2011).

[14] No caso brasileiro, o protagonismo que o julgamento dos casos de corrupção traz para o judiciário vê-se muito claramente no destaque dado à actuação dos tribunais federais com a criação das varas de lavagem de dinheiro. Neste caso, é importante salientar a acção conjunta da justiça federal, Polícia Federal e Ministério Público Federal. Sobre a corrupção no Brasil, ver Avritzer *et al* (orgs.), 2008. Em 2012, o julgamento pelo STF do caso do "mensalão" (caso de corrupção em que estiveram envolvidos altos dirigentes do Partido dos Trabalhadores) transformou-se num caso exemplar de "justiça dramática" (ver adiante). Em Portugal, as medidas de combate à corrupção, muitas em cumprimento de decisões quadro do Conselho Europeu, têm-se prendido, essencialmente, com o alargamento da responsabilização penal e dos instrumentos de combate à corrupção ao sector privado e à participação económica em negócio, bem como com o alargamento das necessidades de comunicação da prática de actos por entidades privadas. Veja-se, a título de exemplo, a Lei nº 19/2008, de 21 de Abril, a Lei 20/2008, de 21 de Abril e o Decreto-Lei nº 317/2009, de 30 de Outubro. A alteração da organização judiciária, com a criação de tribunais especializados, com competência para processos de corrupção ou criminalidade económico-financeira, medida nunca adoptada em Portugal, tem, no entanto, vindo a ser reclamada pelo Grupo de Estados contra a Corrupção (GRECO) e pela Transparência e Integridade, Associação Cívica. Sobre a corrupção em Portugal, ver Sousa e Triães (2008) e o relatório de Portugal *Timed Out: how statutes of limitation affect the prosecution of corruptions in UE member states*, disponível em http://www.transparencia.pt/httpdocs/wp-content/blogs.dir/2/files/2011/01/Relatorio-SoL-Nov-2010-PT.pdf, acedido em 29 de Abril de 2011.

como condição prévia à luta do judiciário contra a corrupção. Na América Latina, até há alguns anos atrás, quando se falava de corrupção e de judiciário, tinha-se menos em mente o combate judicial contra a corrupção do que o combate à corrupção judicial[15]. Grande parte dos investimentos que se fizeram na América Latina na área da justiça visaram baixar os níveis de corrupção dentro do judiciário, alterando, por exemplo, o padrão de remuneração de magistrados e funcionários, criando medidas no sentido da maior independência com controlo interno e externo e outras formas de reorganização do poder judicial.

Sempre que levou a cabo o combate à corrupção, o judiciário foi posto perante uma situação quase dilemática: se, por um lado, esse combate contribuiu para a maior legitimidade social dos tribunais, por outro, aumentou exponencialmente a controvérsia política à volta deles. É que o perfil histórico dos tribunais da era moderna centrou-se muito mais em julgar "os de baixo" do que em julgar "os de cima". As classes populares, durante muito tempo, só tiveram contacto com o sistema judicial pela via repressiva, como seus utilizadores forçados. Raramente o utilizaram como mobilizadores activos. A questão da impunidade dos poderosos está inscrita na própria matriz do Estado liberal que, como se sabe, não é um Estado democrático na sua origem. A igualdade formal de todos perante a lei não impede que as classes que estão no poder, sobretudo na cúpula do poder, não tenham direitos especiais, imunidades e prerrogativas que, nos casos mais caricaturais, configuram um autêntico direito à impunidade.

---

[15] No caso do Brasil, o combate à corrupção dentro do judiciário tem dado destaque à actuação do Conselho Nacional de Justiça (CNJ), especialmente da Corregedoria Nacional de Justiça. O CNJ tem promovido o afastamento de diversos magistrados de primeiro e segundo grau bem como concedido aposentadorias compulsórias a juízes envolvidos em casos de corrupção, veja-se a Revisão Disciplinar 00003255320102000000, o Processo Administrativo Disciplinar 200910000007880; e as Sindicâncias 200910000016959 e 200910000016832.

Ora, no momento em que os tribunais começam a julgar "para cima", em que começam a incriminar e a julgar grandes empresários ou membros da classe política, a situação muda. Neste campo, estamos no domínio do que designo justiça dramática, aqueles casos que levam a tribunal pessoas conhecidas da comunicação social, políticos ou agentes económicos de alto perfil na sociedade. Esta justiça dramática judicializa a política e politiza os tribunais. O combate à corrupção que, em regra, surge devido a uma certa conjuntura política, leva a que muitos dos conflitos políticos acabem por ser resolvidos em tribunal. É esse o momento em que se verifica uma das faces da judicialização da política[16]. Defendo que há judicialização da política sempre que os tribunais, no desempenho normal das suas funções, afectam de modo significativo as condições da acção política. Tal pode ocorrer por duas vias principais: uma, de baixa intensidade, quando membros isolados da classe política são investigados e eventualmente julgados por actividades criminosas que podem ter ou não a ver com o poder ou a função que a sua posição social destacada lhes confere; e outra, de alta intensidade, quando parte da classe política, não podendo resolver a luta pelo poder pelos mecanismos habituais de distribuição de recursos do sistema político, transfere para os tribunais os seus conflitos internos através de denúncias cruzadas, quase sempre através da comunicação social, esperando que a exposição judicial do adversário, qualquer que seja o desenlace, o enfraqueça ou mesmo o liquide politicamente.

A judicialização da política verifica-se ainda face a um conjunto de circunstâncias que descentraram a atenção da política judiciária para a política do judiciário. Neste caso, o confronto político do judiciário com os outros poderes do Estado dá-se quando, diante da apatia ou da incapacidade dos poderes políticos em resolver os conflitos ou em atender às demandas dos grupos sociais, o recurso

---

[16] Ver Santos, *et al*, 1996: 15-56.

aos tribunais leva o judiciário a interferir na política pública e nas condições da sua efectivação. Neste caminho, o sistema judicial torna-se uma ferramenta estrategicamente utilizada pelos grupos em disputa e partidos políticos para frear ou vetar a implementação da agenda política governamental ou dos grupos políticos maioritários. Para além do impacto no sistema político, a judicialização da política afecta também o desempenho dos próprios tribunais, conduzindo à politização do judiciário. Esta torna-o mais controverso, mais visível e vulnerável política e socialmente, o que, por sua vez, é outra das razões do seu recente protagonismo.

Nas situações de maior protagonismo dos tribunais, como se vê em casos graves de corrupção, de um lado, assiste-se à exposição dos processos judiciais e seus actores na ribalta mediática, gerando uma tensão entre a lógica de acção mediática e a lógica de acção judicial, conforme desenvolvo mais abaixo[17]. De outro lado, a complexidade dos casos pode fragilizar os tribunais não souberam gerir as debilidades do seu desempenho. Como identificámos no estudo de monitorização da reforma penal de 2007[18], a condução de "mega-processos" torna-se impossível de gerir, fazendo arrastar indefinidamente a fase de inquérito, que procura dar resposta a todos os tipos de crimes que os factos sumariamente indiciam, diluindo a prova e fragilizando a sua sustentação em fase de julgamento.

Neste contexto – diferente de país para país, mas convergente no seu sentido geral –, temos mesmo vindo a assistir, em alguns países, a um deslocamento da legitimidade do Estado: do poder executivo e do poder legislativo para o poder judiciário. Esta transferência da legitimidade é um processo gradual, nalguns Estados a ocorrer mais rapidamente do que noutros. Esse movimento leva a que se criem expectativas positivas elevadas a respeito do sistema

---

[17] Ver mais adiante, o tópico sobre os tribunais e os media.
[18] Santos e Gomes (orgs.), 2009a.

judiciário, esperando-se que resolva os problemas que o sistema político não consegue resolver. Acontece que a criação de expectativas exageradas acerca das possibilidades de o judiciário ser uma solução é, ela própria, uma fonte de problemas. Quando analisamos a experiência comparada, verificamos que, em grande medida, o sistema judiciário não corresponde à expectativa[19] e, rapidamente, de solução passa a problema. Acresce que, se as expectativas forem muito elevadas, ao não serem cumpridas, geram enorme frustração. Tudo isto ocorre num contexto de maior visibilidade social do sistema judicial, o qual, entretanto, se tornou alvo e, por vezes, refém dos meios de comunicação social[20]. Esta visibilidade alterou, profundamente, o lugar do sistema judicial dentro da sociedade.

Na actualidade, a expansão do judiciário e o primado do direito foram também incorporados no vocabulário do consenso hegemónico neoliberal. O modelo de desenvolvimento neoliberal, dada a sua maior dependência dos mercados e do sector privado, exige um marco jurídico para o desenvolvimento que fomente o comércio estabilizando as expectativas das transacções, dos investimentos e dos lucros. Nos termos do consenso neoliberal sobre o Estado de direito e a reforma judicial[21], a tarefa fundamental do sistema judicial é garantir a certeza e a previsibilidade das relações jurídicas, clarificar e proteger os direitos de propriedade, exigir o cumprimento das obrigações contratuais, etc. O sistema judicial é responsável por prestar um serviço equitativo, ágil e transparente. A reforma judicial passa a ser um componente essencial do novo

---

[19] Tenho chamado atenção para os limites da capacidade operativa do judiciário para atender às expectativas que lhe são depositadas neste novo contexto. Sempre que o protagonismo judicial ocorre se levantam a respeito dos tribunais três questões: a questão da legitimidade, a questão da capacidade e a questão da independência. Ver Santos *et al.*, 1996.

[20] Ver mais adiante, o tópico sobre os tribunais e a comunicação social.

[21] Sobre as diferentes dimensões do consenso hegemónico global, ver Santos, 2009: 454-505.

modelo de desenvolvimento e a base de uma boa administração. Não à toa, as agências de ajuda internacional passaram a dar prioridade aos programas de reforma judicial e de construção do Estado de direito em muitos países em desenvolvimento[22]. Nunca como hoje tanto dinheiro foi investido no sistema judicial, tradicionalmente uma das áreas de cooperação internacional que não tinha expressão financeira. Calcula-se que se tenham gasto 300 biliões de dólares em projectos de reforma e o mais dispendioso terá sido o do sistema jurídico e judicial da Rússia, depois do colapso do sistema soviético[23].

Tendo como ponto de partida a ideia de que as sociedades assentam no primado do direito e não funcionam eficazmente sem um sistema judicial eficiente, eficaz, justo e independente, o novo padrão de intervenção judiciária reconhece que é preciso fazer grandes investimentos para que isso ocorra, seja na dignificação das profissões jurídicas e judiciárias, na criação de modelos organizativos que tornem o sistema judiciário mais eficiente e acessível, seja nas reformas processuais e na formação de magistrados e funcionários. O alcance e o sentido de uma refundação democrática do judiciário irão, contudo, depender da orientação das reformas judiciais em cada país e da intensidade da influência exercida pela globalização hegemónica do direito e da justiça[24].

---

[22] Ver Burgos, 2009.

[23] Sobre a globalização das reformas do sistema judiciário e do direito, ver Santos, 2002 e 2003; sobre o caso específico da Colômbia, ver Santos, 2001: 151-184.

[24] Defendo que a imposição do consenso judicial pelos actores da globalização hegemónica (Banco Mundial, Fundo Monetário Internacional, grandes agências multilaterais e nacionais) assume em cada país diferentes intensidades de acordo com o tipo de convergência institucional entre os protagonistas da agenda política local e as instituições e países hegemónicos globais. Ver Santos, 2009: 454-505.

As políticas do judiciário e a politização do direito

Tenho defendido que uma das características mais centrais do nosso tempo, talvez a que melhor define o seu carácter transicional, é a discrepância entre perguntas fortes e respostas fracas. As perguntas fortes dirigem-se não só às nossas opções de vida individual e colectiva, mas sobretudo às fundações que criam o horizonte de possibilidades entre as quais é possível escolher. São, portanto, questões que provocam um tipo particular de perplexidade. As respostas são fracas quando não põem em causa o horizonte hegemónico e consensual de possibilidades, imaginando que ele contém todas as respostas possíveis ou legítimas. No que toca ao papel do direito e da justiça nas sociedades contemporâneas, impõe-se a seguinte pergunta forte: Se o direito tem desempenhado uma função crucial na regulação das sociedades, qual a sua contribuição para a construção de uma sociedade mais justa? A resposta fraca consiste em reduzir esta discussão ao âmbito do consenso global acerca da importância do Estado de direito e das instituições jurídicas para assegurar o desenvolvimento económico. A busca por uma resposta forte exige que se ponha em causa este consenso hegemónico, indagando quais as condições para a construção de um novo senso comum jurídico e o seu papel para a emancipação social.

Penso que vivemos um momento em que se está a ensaiar uma nova fase. O neoliberalismo revelou as suas debilidades. Não garantiu o crescimento, aumentou tremendamente as desigualdades sociais, a vulnerabilidade, a insegurança e a incerteza na vida das classes populares, para além de fomentar uma cultura de indiferença à degradação ecológica. Nesta nova fase, podemos identificar, em relação ao judiciário, dois grandes campos.

O primeiro é um campo hegemónico. É o campo dos negócios, dos interesses económicos, que reclama por um sistema judiciário eficiente, rápido, que permita a previsibilidade dos negócios, dê segurança jurídica e garanta a salvaguarda dos direitos de propriedade. Os protagonistas do campo hegemónico são o Banco Mundial, o Fundo Monetário Internacional e as grandes agências multilaterais e nacionais de ajuda ao desenvolvimento, como o Banco Interamericano de Desenvolvimento, a USAID, etc. É neste campo que se concentra a grande parte das reformas do sistema judiciário por todo o mundo. Há vários anos que analiso as reformas que tiveram lugar em vários países, sobretudo, na Europa, na América Latina e em África[25]. Com diferentes níveis de intensidade, o sistema judicial desses países está a ser orientado para atender às expectativas deste campo hegemónico, o que significa que as reformas se centram, muito selectivamente, nos sectores que melhor servem aos interesses económicos, deixando de fora todos os outros[26]. As reformas são orientadas, quase exclusivamente, pela ideia de rapidez, isto é, pela necessidade de se construir um sistema de justiça célere. Há áreas do judiciário e formas de actuação que são consideradas importantes e outras não. A formação dos magistrados, por exemplo, é orientada, fundamentalmente, para as necessidades da economia.

Há, contudo, um outro campo. Designo-o por campo contra-hegemónico. É o campo dos cidadãos que tomaram consciência

---

[25] Ver Santos *et al*, 1996; Santos e García-Villegas (orgs.), 2001; Santos e Trindade (orgs.), 2003 e Santos e Van Dúnem (coords.), 2010.
[26] Basta verificar a assimilação entre direito e desenvolvimento económico defendida no âmbito da estratégia de governação do Banco Mundial: "...os países da América Latina e das Caraíbas melhoram a governação, expandem o papel do sector privado, e avançam para ambientes políticos e económicos mais estáveis e a reforma judicial será um complemento essencial. A reforma judicial beneficia todos os utentes. Beneficia o sector privado tornando as transacções comerciais mais previsíveis, e beneficia o sector público estabelecendo uma melhor regulação e responsabilização. Finalmente, beneficia as pessoas aumentando o acesso a programas e serviços de assistência jurídica. O primado do direito estabelece o princípio básico para uma economia sã. Em particular, a reforma judicial direccionada para a implementação efectiva da lei é de importância central na reforma do papel do Estado e na implementação de estratégias de desenvolvimento" (Burki, 1995: 11-12).

de que os processos de mudança constitucional lhes deram direitos significativos e que, por isso, vêem no direito e nos tribunais um instrumento importante para fazer reivindicar os seus direitos e as suas justas aspirações a serem incluídos no contrato social. Instala-se um certo inconformismo em relação à discrepância entre os direitos consagrados e os direitos aplicados. O que os cidadãos vêem todos os dias é a exclusão social, a precarização do trabalho e dos rendimentos, o colapso das expectativas causado pela insegurança jurídica que caracteriza os "seus direitos", a violência que lhes entra pela porta ou os surpreende na rua, nos bares ou nas escolas. O que eles vêem é aquilo que eu chamo fascismo social[27]. É um fascismo que não é criado directamente pelo Estado. É criado por um sistema social muito injusto e muito iníquo que deixa os cidadãos mais vulneráveis, pretensamente autónomos, à mercê de violências, extremismos e arbitrariedades por parte de agentes económicos e sociais muito poderosos. Mas, esses cidadãos têm progressivamente mais consciência de que têm direitos e de que esses direitos devem ser respeitados. Nos últimos trinta anos, muitos desses cidadãos organizaram-se em movimentos sociais, em associações, criando um novo contexto para a reivindicação dos seus direitos[28].

Este contexto, que corresponde tanto a uma utilização renovada do direito, que passa a integrar o repertório da acção colectiva dos movimentos sociais, quanto a uma renovação da constituição epistemológica dos movimentos sociais, que passa a incorporar novas identidades subalternas, tem como denominador comum a utilização dos instrumentos jurídicos como ferramentas contra-hegemónicas.

---

[27] Sobre o conceito de fascismo social, ver Santos, 2006a: 309.
[28] Sobre a emergência e protagonismo dos novos sujeitos colectivos de direito, ver Sousa Júnior, 2008 e Wolkmer, 2006.

É curioso ver que a actuação dos movimentos sociais, numa fase inicial, assentava numa leitura céptica[29] acerca do potencial emancipatório do direito e não acreditavam na luta jurídica[30]. O raciocínio, na esteira teórica dos *Critical Legal Studies*, era algo como: "o direito é um instrumento da burguesia e das classes oligárquicas, e sempre funcionou a favor delas; se o direito só nos vê como réus e para nos punir, para quê utilizar o direito?". O Movimento dos Trabalhadores sem Terra (MST), por exemplo, inicialmente muito céptico a respeito da mobilização do direito, mudou de atitude[31] a partir de determinada altura, uma mudança que analiso em detalhe em alguns dos meus trabalhos[32]. A criminalização dos seus integrantes e o envolvimento dos tribunais nos conflitos de terra, através sobretudo das acções de reintegração de posse, foram a porta de entrada para a qualificação jurídica do movimento que, em contrapartida, passou a se valer das funções[33] instrumentais, políticas e simbólicas do direito e dos tribunais também a seu favor. Começaram a surgir processos judiciais em que o MST saiu vencedor e o próprio movimento passou a resignificar a sua luta a partir do vocabulário do campo jurídico, propugnando uma hermenêutica crítica e contra-hegemónica dos institutos jurídicos, apropriando-se de conceitos como o de função social

---

[29] Ver Duarte, 2011.

[30] O maior ou menor recurso ao direito e aos tribunais varia de acordo com a constituição e características de cada movimento social. Ao analisar a relação entre os tribunais e os movimentos sociais em Portugal, Duarte (2011) aponta, por exemplo, diferenças entre as acções de movimentos populares de base, mais permeáveis a acção directa, e o movimento ambientalista, mais permeável a acção institucional.

[31] Esta mudança ganha força a partir de 1995, com o início da articulação da Rede Nacional de Advogados e Advogadas Populares (RENAP), ver mais abaixo tópico sobre a advocacia popular.

[32] Ver Santos e Rodriguez-Garavito, 2005, Santos e Carlet, 2010 e, ainda, Uprimny e García-Villegas, 2003 e Houtzager, 2007.

[33] Sobre as funções dos tribunais nas sociedades contemporâneas, ver Santos *et al*, 1996.

da propriedade ou denunciando as violações de direitos humanos subjacentes aos conflitos fundiários[34]. É este o contexto em que se verifica a emergência do que denomino legalidade cosmopolita ou subalterna. No âmbito da legalidade cosmopolita, uma coisa é utilizar um instrumento hegemónico, outra coisa é utilizá-lo de maneira hegemónica. Sobressaem-se, aqui, duas ideias interligadas: é possível utilizar instrumentos hegemónicos para fins não hegemónicos sempre e quando a ambiguidade conceptual que é própria de tais instrumentos seja mobilizada por grupos sociais para dar credibilidade a concepções alternativas que aproveitem as brechas e as contradições do sistema jurídico e judiciário[35].

Esta ideia, de que o direito é contraditório e pode ser utilizado pelas classes subalternas, vai de par com outra, a de que as possibilidades não jurídico-judiciais de transformação social estão por agora bloqueadas. Não está na agenda política a revolução. Tão pouco parece estar na agenda política o socialismo. O reformismo, por sua vez, ao dirigir-se para a reforma do Estado, que sempre foi entendido como sujeito das reformas e não seu objecto, tenta remediar a sua própria crise. Em face disto, o que resta é levar o direito e os direitos a sério. E as classes populares que se tinham habituado a que a única maneira de fazer vingar os seus interesses era estar à margem do marco jurídico demoliberal, começaram a ver que, organizadamente, poderiam obter alguns resultados pela apropriação, tradução, resignificação e utilização estratégica desta legalidade. É, a partir daí, que os movimentos começam a utilizar o direito e os tribunais como uma arma. Eu aprendi isto em 1980, quando estudava as ocupações no Recife, e pude constatar que o D. Hélder Câmara contratava os melhores jovens advogados do Recife para poder apoiar a luta pela legalização das ocupações de

---

[34] Ver, nesse sentido, os relatórios periódicos da Comissão Pastoral da Terra "Conflitos no Campo Brasil".
[35] Ver Santos, 2003.

terras à luz de preceitos constitucionais, que ainda não eram os da Constituição de 1988, e organizava à volta da acção judicial uma forte mobilização política[36].

Mas, os movimentos sociais trouxeram, ainda, uma outra ideia muito importante. Mostraram que esta procura efectiva de direitos é a ponta do icebergue. Para além dela, há outra procura que eu designo de *procura suprimida*. Há uma demanda ou procura efectiva dos tribunais, que é a que se conhece, uma demanda ou procura potencial, que é aquela que se pode conquistar pelas reformas processuais. Mas, há também uma outra área, que é a da procura suprimida. É a procura daqueles cidadãos que têm consciência dos seus direitos, mas que se sentem totalmente impotentes para os reivindicar quando são violados. Não é a filantropia, nem a caridade das organizações não-governamentais que procuram; apenas reivindicam os seus direitos. Ficam totalmente desalentados sempre que entram no sistema judicial, sempre que contactam com as autoridades, que os esmagam pela sua linguagem esotérica, pela sua presença arrogante, pela sua maneira cerimonial de vestir, pelos seus edifícios esmagadores, pelas suas labirínticas secretarias, etc. Esses cidadãos intimidados e impotentes são detentores de uma procura invisibilizada. Para reconhecer a sua presença, precisamos daquilo que noutros trabalhos tenho designado por uma sociologia das ausências[37]. A procura suprimida é uma área da sociologia das ausências, isto é, é uma ausência que é socialmente produzida, algo activamente construído como não existente. A procura de direitos da grande maioria dos cidadãos das classes populares é *procura suprimida*. É essa procura que está, hoje, em discussão. E se ela for considerada, vai levar a uma grande transformação do sistema judiciário e do sistema jurídico no seu todo, tão grande que fará sentido falar da revolução democrática da justiça.

---

[36] Ver Santos, 1983.
[37] Ver Santos, 2006a: 87-125.

É essencial termos a noção da exigência que está pela frente. Para satisfazer a procura suprimida são necessárias profundas transformações do sistema judiciário. Não basta mudar o direito substantivo e o direito processual, são necessárias muitas outras mudanças. Está em causa a criação de uma outra cultura jurídica e judiciária. Outras faculdades de direito. Uma outra formação de magistrados. A exigência é enorme e requer, por isso, uma vontade política muito forte. Não faz sentido assacar a culpa toda ao sistema judiciário no caso de as reformas ficarem aquém desta exigência. Em grande medida, o sentido e o resultado das reformas vai depender de uma certa estrutura de oportunidades. Qual é o sentido da opinião pública a esse respeito? Qual a vontade política do poder legislativo e do poder executivo? Que tipo de mobilização política pode ser feita para sustentar uma mobilização jurídica de aprofundamento democrático? Que fracturas existem no seio dos corpos judiciários (juízes, membros do ministério público, advogados, defensores públicos, etc.)? Qual o nível de corporativismo defensivo das profissões jurídicas? Eu penso que estas são as questões centrais a que será necessário dar alguma atenção[38] e vou procurar responder a algumas delas.

Admitindo que seja possível, uma revolução democrática da justiça será certamente uma tarefa extremamente exigente. Faz sentido que se tome como ponto de partida uma nova concepção do acesso ao direito e à justiça. Na concepção convencional busca-se o acesso a algo que já existe e não muda em consequência do acesso. Ao contrário, na concepção que proponho, o acesso irá mudar a justiça a que se tem acesso. Há aqui um sistema de transformação recíproca, jurídico-política, que é preciso analisar. Identifico, de forma breve, os vectores principais dessa transformação: profundas reformas processuais; novos mecanismos e novos protagonismos no

---

[38] Uma reflexão recente e muito lúcida dos desafios postos ao judiciário brasileiro pode ler-se em Falcão, 2007. Sobre Portugal, ver Santos (2005d) e Rodrigues (2009).

acesso ao direito e à justiça; o novo e o velho pluralismo jurídico; organização e gestão judiciárias socialmente responsáveis; revolução na formação jurídica, desde as faculdades de direito até à formação profissional; novas concepções de independência judicial; uma relação do poder judicial mais transparente com o poder político e os media, e mais densa com os movimentos e organizações sociais; uma cultura jurídica democrática e não corporativa.

Se analisarmos cada uma destas transformações, verificamos que todas elas são necessárias e que só em conjunto poderão dar origem a um novo paradigma jurídico e judiciário. É evidente que o sistema judicial não pode resolver todos os problemas causados pelas múltiplas injustiças sociais. Mas tem que assumir a sua quota--parte de responsabilidade na resolução. O sistema judicial está, hoje, colocado perante um dilema. Se não assumir a sua quota--parte de responsabilidade, continuará a ser independente de um ponto de vista corporativo, mas será cada vez mais irrelevante tanto social como politicamente. Deixará de ter aliados na sociedade e isolar-se-á cada vez mais. Se, pelo contrário, assumir a sua quota de responsabilidade, politizar-se-á e, com isso, aumentará o nível de tensão e conflito, quer internamente, quer no relacionamento com outras instâncias de poder. Verdadeiramente, a um sistema judicial democrático não resta outra alternativa senão a segunda. Tem que perder o isolamento, tem que se articular com outras organizações e instituições da sociedade que o possam ajudar a assumir a sua relevância política.

Passo agora a identificar algumas das grandes transformações desta tarefa exigente a que chamo a revolução democrática da justiça.

CAPÍTULO 2
DEMOCRATIZAR A DEMOCRACIA DEMOCRATIZANDO O ACESSO AO DIREITO

Os estudos sociojurídicos voltados para o tema do acesso à justiça têm apontado, em diferentes países, a introdução de reformas, processuais ou na estrutura do sistema de justiça com o fim de universalizar o acesso. Cappelletti e Garth (1978) utilizam como metáfora a existência de três vagas no movimento de acesso à justiça. Com início em meados da década de 60, a primeira vaga é caracterizada pela defesa e promoção de mecanismos de apoio judiciário aos cidadãos carenciados. Assim, o apoio judiciário deixa de ser entendido como filantropia e passa a ser incluído como medida de combate à pobreza nos programas estatais. As mudanças introduzidas com a segunda vaga procuram sobretudo encorajar a defesa dos interesses colectivos e difusos em juízo, uma vez que, a universalização do acesso dos particulares através de mecanismos de apoio judiciário não é por si só uma garantia de defesa de interesses colectivos, em especial por parte de grupos sociais mais vulneráveis. Na terceira vaga, o movimento de acesso à justiça procura expandir a concepção clássica de resolução judicial de litígios desenvolvendo um conceito amplo de justiça em que os tribunais fazem parte de um conjunto integrado de meios de resolução de conflitos, o que inclui o que se convencionou chamar de ADR (resolução alternativa de litígios).

Sem por esta análise em causa, deve contudo ter-se presente a questão do acesso está intimamente ligada à questão das reformas processuais que, ao diminuírem a morosidade da justiça, tornam-na automaticamente mais acessível e mais credível. Começo, pois pela questão das reformas processuais e pela morosidade.

As reformas processuais e a morosidade

Destaco inicialmente a questão da morosidade. A morosidade judicial tem uma história longa[1], em grande medida uma história longa de tentativas frustradas de a eliminar. O novo contexto de intervencionismo judicial de que falei coloca outras luzes sobre a questão. A juridificação económica, política e do bem-estar social tem como outra face o aumento exponencial da litigação e a consequente sobrecarga dos tribunais, com impacto no tempo dos processos. Diferentes de país para país, foram ensaiadas diversas respostas para lidar com este fenómeno: informalização da justiça; reapetrechamento dos tribunais com recursos humanos e infra-estruturas; automatização; novas tecnologias de comunicação e informação; criação de tribunais especiais para a pequena litigação de massa, reformas processuais, entre outras[2].

São múltiplos os impactos negativos da morosidade judicial nos objectivos a serem cumpridos pelos tribunais. Por um lado, o método de decisão baseado num sistema adversarial exige que se preserve a memória dos factos. Quanto maior o intervalo de tempo entre o facto e a aplicação do direito pelos tribunais, menor é a confiança na justiça da decisão. Por outro lado, a demora, ao prolongar a ansiedade e a incerteza nas partes, abala a confiança que estas têm nos tribunais como meio de resolução de seus conflitos. O prolongamento excessivos dos casos afecta o quotidiano das pessoas envolvidas, uma vez que estas não podem pôr o conflito//problema para trás e seguir com as suas vidas. Para além disso, a demora implica prejuízos reais para os intervenientes, quando, por exemplo, os arguidos são mantidos presos mais tempo que o necessário ou quando as vítimas e testemunhas dos crimes têm que esperar muito tempo para verem o caso resolvido, entre outros.

---

[1] Butts *et al*, 2009 e Church *et al*, 1978.
[2] Ver Santos, 1987.

Quando a morosidade é um problema estrutural, a desconfiança generaliza-se, influenciando as percepções sociais acerca da justiça. No Brasil, o Sistema de Indicadores de Percepções Sociais da Justiça, publicado pelo Instituto de Pesquisa Económica Aplicada (IPEA), chama a atenção para o facto de a avaliação geral do conjunto da população brasileira considerar tão importante a produção de resultados que ajudem na solução dos conflitos e afirmem um sentido de justiça, quanto a rapidez na decisão dos casos. A investigação suplementar da Pesquisa Nacional por Amostra de Domicílios do Instituto Brasileiro de Geografia e Estatística (IBGE), por sua vez, revelou que, se 57,8% das pessoas que procuraram apoio para a resolução dos seus problemas apelaram para a justiça comum, 15,9% das pessoas que não recorreram aos tribunais alegaram como razão a morosidade. Nos inquéritos à opinião pública sobre o funcionamento dos tribunais em Portugal, levados a cabo no âmbito do Observatório Permanente da Justiça Portuguesa nos anos de 1993 e 2001, a morosidade dos processos destaca-se como variável significativa na apreciação negativa dos cidadãos sobre a justiça. A maioria dos inquiridos apresentou uma opinião progressivamente mais negativa acerca da morosidade dos tribunais entre o inquérito realizado em 1993 e o inquérito realizado em 2001. Se, em 1993, 63,1% dos inquiridos consideravam que as decisões dos tribunais são tão lentas que não vale a pena recorrer ao tribunal, em 2001, o sentimento negativo em relação à morosidade dos tribunais aumentou para 66,9%[3]. Noutra dimensão, é ainda significativo que mais de 80% dos casos contra Portugal julgados no Tribunal Europeu dos Direitos Humanos sejam relativos a questões processuais que se prendem com o prazo razoável do processo[4].

Perante a extensão dos impactos causados pela morosidade judicial, a celeridade salta logo à vista como medida mais adequada

---

[3] Ver Santos (coord), 2005e.
[4] Ver Santos, Cecília (coord.), 2010b.

para avaliar o desempenho do sistema de justiça. Contudo, deve-se ter cautela. Não se deve associar directa e imediatamente ganhos de celeridade com maior eficácia ou qualidade no funcionamento dos tribunais. A organização do sistema deve ter a consciência de que o objectivo a atingir é o controlo dos atrasos e não a sua eliminação pura e irracional. É preciso ter consciência dos tipos de morosidade que contaminam cada caso e o ideal de celeridade que se persegue, eliminando os atrasos inúteis e desnecessários[5]. Dada a necessidade de se distinguir os casos de lentidão processual decorrente da sobrecarga e das deficiências de desempenho do sistema justiça, daqueloutros em que a morosidade se associa a uma intencional inacção e não-decisão, defendo que é preciso distinguir dois tipos de morosidade: a morosidade sistémica e a morosidade activa.

A morosidade sistémica é aquela que decorre da sobrecarga de trabalho, do excesso de burocracia, positivismo e legalismo. Muitas das medidas processuais e de produtividade adoptadas recentemente no Brasil e em Portugal, que têm tido como principal objecto a litigação de massa[6], são importantes para o combate à morosidade sistémica[7]. Será necessário monitorar o sistema e ver

---

[5] Butts *et al*, 2009.

[6] Sobre o impacto da explosão de litigiosidade, do sobreendividamento e da profusão de demandas repetitivas no tempo de resposta dos tribunais brasileiros, acompanhar os resultados das pesquisas que estão a ser desenvolvidas no âmbito do Departamento de Pesquisas Judiciárias do CNJ, ver http://www.cnj.jus.br/index.php?option=com_content&view=article&id=12476&Itemid=1264&numtab=6, acedido em 28 de Dezembro de 2010. Sobre o fenómeno do endividamento dos consumidores em Portugal, ver Marques (2000).

[7] Refiro-me às alterações legislativas, no Brasil, decorrentes do Pacto de Estado em Favor de um Judiciário mais Ágil e Republicano e do Pacto Republicano de Estado por um Sistema de Justiça mais Acessível, Ágil e Efetivo, às alterações legislativas no âmbito do processo civil e do processo constitucional, entre outras. No mesmo sentido, as medidas adoptadas pelos órgãos de gestão, controlo e avaliação do sistema judicial, de que é exemplo o estabelecimento de metas de nivelamento/prioritárias

se essas medidas estão a ter realmente a eficácia que se pretendia e se não estão a gerar efeitos perversos.

Com as reformas que incidem sobre a morosidade sistémica podemos ter uma justiça mais rápida, mas não necessariamente uma justiça mais cidadã. Ao contrário, com a revolução democrática da justiça a luta não será apenas pela celeridade (quantidade da justiça), mas também pela responsabilidade social (qualidade da justiça). Naturalmente que a questão da celeridade é uma questão importante, que é necessário resolver. Sou, naturalmente, a favor de uma justiça rápida. A celeridade de resposta do sistema judicial à procura que lhe é dirigida é também uma componente essencial da sua qualidade[8]. Mas é evidente que, do ponto de vista de uma revolução democrática de justiça, não basta a rapidez. É necessária, acima de tudo, uma justiça cidadã.

Deve-se ter em mente que, nalguns casos, uma justiça rápida pode ser uma má justiça. E, portanto, não podemos transformar a justiça rápida num fim em si mesmo. Aliás, a justiça tende a ser tendencialmente rápida para aqueles que sabem que previsivel-

a serem alcançadas pelo judiciário, em especial aquela que ficou conhecida como meta 2 (em 2009, "identificar os processos judiciais mais antigos e adotar medidas concretas para o julgamento de todos os distribuídos até 31/12/2005, em 1º, 2º grau ou tribunais superiores"; em 2010, "julgar os processos de conhecimento distribuídos até Dezembro de 2006 e, no caso das ações trabalhistas, eleitorais, militares e de competência do tribunal do júri até Dezembro de 2007"). Em Portugal, sucederam-se os planos de descongestionamento dos tribunais, aprovados pelas Resoluções do Conselho de Ministros nº 100/2005, de 30 de Maio, e nº 172/2007, tendo em vista, essencialmente, conceder um conjunto de incentivos às partes para a extinção de acções judiciais pendentes e dissuadir a propositura de acções em massa nos tribunais.

[8] No Observatório Permanente da Justiça Portuguesa temos vários estudos onde analisamos a morosidade, as suas causas e as suas tipologias. Ver, entre outros, Santos *et al*, 1996: 397-482; e Santos e Gomes (coords.), 2005. Estes e outros trabalhos podem ser consultados na página *Web* do Observatório (http://opj.ces.uc.pt/portugues/estudos/estudos_realizados.html).

mente a interpretação do direito vai no sentido que favorece os seus interesses. Uma interpretação inovadora, contra a rotina, mas socialmente mais responsável, pode exigir um tempo adicional de estudo e de reflexão.

Em 1996, quando publicámos o primeiro livro sobre a justiça em Portugal, foi uma surpresa para os próprios magistrados, saberem que os tribunais estavam "colonizados" pela cobrança de dívidas, em especial os tribunais dos principais centros urbanos[9]. A criação do procedimento de injunção, em 1998, e as suas subsequentes alterações, em 2005 e 2008, no sentido de desmaterializar e automatizar o procedimento, bem como de centralizar o seu tratamento num único Balcão Nacional de Injunções[10], contribuíram para o desvio daquela procura massificada (em que não há um verdadeiro conflito, mas a cobrança de uma dívida, ou, frequentemente, a mera recuperação de impostos) dos tribunais judiciais. Sempre que a injunção não é contestada, o Balcão Nacional de Injunções certifica essa circunstância podendo passar-se à fase executiva. Estas alterações deslocaram, no entanto, o bloqueio do sistema para esta fase processual. Encontrada a via para alcançar um título executivo de forma célere e expedita, os tribunais viram-se paralisados com o crescente número de acções executivas. A solução encontrada foi, então, reduzir a intervenção judicial nos processos executivos e transferir algumas das competências judiciais para agentes de execução. A ausência de preparação e adaptação à nova realidade por parte das várias profissões forenses e a ausência de formação da recém-criada figura do agente de execução, fizeram com que os bloqueios da acção executiva, passassem para os novos profissionais, os agentes de execução. Obviamente, a transferência do problema para os agentes de execução, esta nova figura, um *estranho*

---

[9] Ver Santos *et al*, 1996: 125-230.
[10] Eliminando ainda a necessidade de intervenção judicial, no caso de, após notificação do devedor, este não deduzir oposição.

no sistema judicial, não elimina a responsabilidade social dos tribunais na ausência de resposta adequada e célere. O sistema judicial tenta esconder a sua ineficiência por detrás das dificuldades desta nova profissão, mas, aos olhos da sociedade, continua a revelar-se inoperante para a efectivação dos direitos.

Em 2008, alterações no Regulamento de Custas Processuais previram a aplicação de uma taxa de justiça especial para litigantes frequentes[11] e de uma taxa sancionatória excepcional para actos dilatórios tendo em vista o descongestionamento da litigância de massa. Veja-se o paradoxo: enquanto se luta para que os cidadãos tenham mais acesso aos tribunais; nestes casos, o que se procura é reduzir o acesso. É caricatural o modo como os sistemas judiciais podem ser afogados em processos.

Uma análise sociológica do sistema judiciário não pode assim deixar de abordar o desempenho judicial de rotina ou de massa. Apesar da sua reduzida notoriedade, quando comparado com os casos de justiça dramática, é a justiça de rotina que corresponde ao quotidiano do trabalho dos tribunais. Em Portugal, por exemplo,

---

[11] Pessoas colectivas comerciais que tenham um volume anual de entradas, em tribunal, no ano anterior, superior a 200 acções, procedimentos ou execuções. De acordo, com a exposição de motivos do Novo Regulamento de Custas Processuais, aprovado pelo Decreto-Lei nº 34/2008, de 26 de Fevereiro: "Um dos factores que em muito contribui para o congestionamento do sistema judicial é a «colonização» dos tribunais por parte de um conjunto de empresas cuja actividade representa uma fonte, constante e ilimitada, de processos de cobrança de dívidas de pequeno valor. Estas acções de cobrança e respectivas execuções, que representam mais de metade de toda a pendência processual, ilustram um panorama de recurso abusivo aos meios judiciais sem consideração pelos meios de justiça preventiva". Com as alterações introduzidas pelo Decreto-Lei nº 52/2011, de 13 de Abril, que veio reduzir drasticamente os incentivos concedidos ao envio electrónico de acções, fazendo aumentar, consideravelmente, o valor das taxas de justiça, o Ministério da Justiça assumiu a obrigação de, anualmente, publicar uma lista das pessoas colectivas abrangidas por aquela taxa de justiça agravada.

vivemos muito a questão da quantidade da justiça. Realizámos no Observatório Permanente da Justiça Portuguesa, um grande projecto sobre a construção de indicadores de avaliação e de projecção do volume de trabalho dos juízes, a chamada contingentação de processos[12]. Isto é, como determinar o máximo de processos a distribuir por cada magistrado, considerando os vários tipos de acções. Estes indicadores são fundamentais para que seja possível responsabilizar o juiz, ou membro do ministério público por sub--desempenho ou, por outro lado, identificar os casos de excesso de trabalho e de irracionalidade na distribuição de processos, responsabilizando os órgãos de governação da justiça. Mas, é evidente que reformas isoladas não tocam estruturalmente na questão da qualidade da justiça.

O dilema entre qualidade e quantidade no que toca ao desempenho dos tribunais exige que as alterações legislativas, de organização e de gestão ultrapassem o paradigma reformista que denominei como Estado-empresário, que visa submeter a administração pública a critérios de eficiência, eficácia, criatividade, competitividade e serviços próprios do mundo empresarial. A refundação democrática da justiça exige a formulação de um horizonte de mudanças que apreenda o âmbito jurídico e judicial como um campo heterogéneo, constituído por interesses contraditórios nas diferentes escalas locais, nacionais e global. A esta nova concepção de Estado como articulador e integrante de um conjunto híbrido de fluxos, redes e organizações em que se combinam e interpenetram elementos estatais e não estatais, nacionais, locais e globais, tenho denominado Estado como novíssimo movimento social[13].

Há ainda um outro tipo de morosidade, a morosidade activa. Veja-se o caso de demarcação de terras dos indígenas Pataxós Hã

---

[12] Os principais resultados deste estudo constam de Santos e Gomes (coords.), 2005.
[13] Ver Santos, 2006a, 317-349.

Hã Hãe[14], que tramita nos tribunais brasileiros há mais de 25 anos, é um caso de morosidade activa pois consiste na interposição, por parte não só de operadores concretos do sistema judicial (magistrados, funcionários, membros do ministério público, advogados) mas também de algumas das partes e terceiros envolvidos no processo, de obstáculos para impedir que a sequência normal dos procedimentos com vista ao desfecho do caso. Essa recusa em enfrentar a questão não se limita aos órgãos judiciais, alcança também a administração pública em geral. Nalguns casos de homologação de terras indígenas, por exemplo, a paralisação reflecte uma inacção conjunta entre sistema judicial e sistema administrativo. As situações de morosidade activa são situações de processo "na

---

[14] Acção Cível Originária nº 312, ver http://www.stf.jus.br/portal/processo/verProcessoPeticao.asp?incidente=1454490, acedido em 28 de Dezembro de 2010. De acordo com o site do Instituto Sócio-Ambiental, Brasil: "Em sua totalidade, os índios conhecidos sob o etnônimo englobante Pataxó Hãhãhãe abarcam, hoje, as etnias Baenã, Pataxó Hãhãhãe, Kamakã, Tupinambá, Kariri-Sapuyá e Gueren. Habitantes da região sul da Bahia, o histórico do contato desses grupos com os não-indígenas se caracterizou por expropriações, deslocamentos forçados, transmissão de doenças e assassinatos. A terra que lhes foi reservada pelo Estado em 1926 foi invadida e em grande parte convertida em fazendas particulares. Apenas a partir da década de 1980 teve início um lento e tortuoso processo de retomada dessas terras, cujo desfecho parece ainda longe, permanecendo a Reserva *sub-judice*" (http://pib.socioambiental.org/pt/povo/pataxo-ha-ha-hae, acedido em 30 de Abril de 2011). O processo de demarcação de terra indígena define os limites dos territórios tradicionalmente ocupados pelos povos indígenas, trata-se de um procedimento administrativo de competência do governo federal brasileiro. O processo demarcatório não só resgata a dívida histórica do Estado brasileiro com as comunidades indígenas mas também assegura as condições para sua sobrevivência física e cultural, reconhecendo seus direitos territoriais. Por determinação da constituição brasileira sempre que um comunidade indígena detiver direitos sobre uma determinada área: "o poder público terá a atribuição de identificá-la e delimitá-la, de realizar a demarcação física dos seus limites, de registrá-la em cartórios de registro de imóveis e protegê-la" (http://www.funai.gov.br/indios/terras/conteudo.htm#o_que).

gaveta", de intencional não-decisão em que, em decorrência do conflito de interesses em que estão envolvidos, os envolvidos e os responsáveis pelo encaminhamento da decisão utilizam todos os tipos de escusas protelatórias possíveis.

Uma outra situação exemplar de morosidade activa é o caso do acesso a informações a respeito dos mortos da Guerrilha do Araguaia, no Brasil. O processo também está sob apreciação da justiça há mais de 25 anos[15]. Diante da demora da justiça brasileira, os familiares dos desaparecidos políticos enviaram denúncia internacional contra o Estado brasileiro perante a Comissão Interamericana de Direitos Humanos (CIDH) da Organização dos Estados Americanos (OEA). A CIDH analisou as informações apresentadas pelo Estado e, dada a falta de implementação satisfatória das recomendações, o caso foi submetido à Corte Interamericana de Direitos Humanos[16].

[15] A guerrilha do Araguaia foi um movimento de luta e resistência contra a ditadura militar no Brasil, nos finais de 1960 e início de 1970. Tendo como exemplo as revoluções em Cuba e na China, o movimento almejava lançar as bases de transformação política e socialista a partir da zona rural e da mobilização dos camponeses. Estabelecido na região amazónica, foi severamente reprimido pelo Exército, resultando na morte e no desaparecimento de inúmeros guerrilheiros. Actualmente, os familiares dos mortos e desaparecidos empreendem uma luta pelo resgate da memória, da verdade e da transparência acerca das acções empreendidas na repressão à guerrilha do Araguaia. A 1ª Turma do STJ anulou a decisão do Tribunal Regional Federal (TRF) da 1ª Região, que determinava o início dos trabalhos de abertura dos arquivos da Guerrilha do Araguaia. Desta forma, os autos voltaram para a primeira instância. A acção, proposta pelos familiares dos desaparecidos políticos, propunha que os documentos da União fossem tornados públicos.

[16] No dia 14 de Dezembro de 2010, a Corte Interamericana notificou o governo brasileiro da sua decisão. Com base no direito internacional e em sua jurisprudência constante, concluiu que as disposições da lei de amnistia que impedem a investigação e sanção de graves violações de direitos humanos são incompatíveis com a Convenção Americana e carecem de efeitos jurídicos, razão pela qual não podem continuar representando um obstáculo para a investigação dos fatos do caso, nem para a identificação e a punição dos responsáveis. Afirmou igualmente que o

Como se vê, aqueles atrasos não têm nada a ver com burocracia. Pelo contrário, referem-se à ausência de uma burocracia eficaz e independente, no sentido weberiano. Nos casos em que se verifica um baixo grau de eficácia na resposta das instituições locais responsáveis pela aplicação do direito, a luta por direitos dos movimentos e grupos sociais passa a depender do fortalecimento do seu discurso argumentativo, o que, por sua vez, terá maior impacto se tiver ressonância em escalas mais amplas de legalidade, articulando-se nacional e internacionalmente[17].

Passo agora às questões que mais directamente se prendem com o acesso à justiça.

O sistema de acesso ao direito e aos tribunais: o exemplo da defensoria pública

Em Portugal, a construção do sistema de acesso ao direito e aos tribunais não escapa à tendência evolutiva desenhada por Cappelletti e Garth (1978). Inicialmente previsto como política assistencial e não política pública, a evolução do sistema de acesso à justiça, posteriormente, testemunhou um protagonismo da Ordem dos Advogados na gestão do sistema, convivendo actualmente com alguma partilha de competências com a Segurança Social. Das reformas introduzidas no sistema de acesso ao direito e aos tribu-

---

Brasil é responsável pela violação do direito à integridade pessoal de determinados familiares das vítimas, entre outras razões, em razão do sofrimento ocasionado pela falta de investigações efectivas para o esclarecimento dos fatos. Adicionalmente asseverou que o Brasil é responsável pela violação do direito de acesso à informação, estabelecido no artigo 13º da Convenção Americana, pela negativa de dar acesso aos arquivos em poder do Estado com informação sobre esses fatos. A corte reconheceu e valorou positivamente as numerosas iniciativas e medidas de reparação adoptadas pelo Brasil e dispôs, entre outras medidas, que o Estado investigue penalmente os fatos por meio da justiça ordinária. (Caso Gomes Lund e outros *vs* Brasil). Ver, mais abaixo, nota 186.

[17] Ver Santos, 2001.

nais, destaco as alterações introduzidas pela Lei nº 30-E/2000, de 20 de Dezembro, especialmente a consagração da competência da Segurança Social no que toca aos pedidos de apoio judiciário; a reforma de 2004, Lei nº 34/2004, de 29 de Julho, em particular a tentativa de aprimoramento dos critérios de insuficiência económica na elegibilidade para o apoio judiciário; e, mais recentemente, as mudanças decorrentes da Lei nº 47/2007, de 28 de Agosto, sobressaindo-se as alterações no sistema de nomeação do patrono//defensor e no pagamento de honorários de assistência jurídica.

No Brasil[18] está a realizar-se aquilo que eu proponho em Portugal, mas que não foi possível concretizar devido, sobretudo, à oposição da Ordem dos Advogados: a instituição da defensoria pública como instituição central no sistema de acesso ao direito e aos tribunais. A gestão do sistema através Ordem dos Advogados com a remuneração de advogados privados pode facilmente revelar-se ineficaz. A razão é simples: a lógica de mercado não permite deslocar bons advogados para fazer assistência judiciária. Seria um contra-senso. Tem, por isso, que haver um outro sistema. Na minha proposta de criação da figura do defensor público este não seria propriamente um funcionário do Estado, defendo a criação de um instituto público de acesso à justiça, uma figura diferente da de um serviço do Estado. Contudo, esta ideia foi mal interpretada, enfrentando de imediato a crítica de que se tratava de *mais uma burocracia do Estado*.

---

[18] A evolução dos regimes políticos brasileiros consagrou um modelo público de assistência jurídica. A defensoria assume centralidade na assistência jurídica gratuita, contudo, universidades, organizações sociais e iniciativas comunitárias bem como a Ordem dos Advogados do Brasil (OAB) desempenham um importante papel supletivo tanto mais significativo quanto maior a deficiência estrutural enfrentada pela defensoria para garantir a cobertura integral dos seus serviços. Para uma leitura crítica da tensa relação entre a OAB e a defensoria pública na execução da política pública de acesso à justiça em São Paulo, ver Lauris, 2010.

A revolução democrática da justiça exige a criação de uma outra cultura de consulta jurídica e de assistência e patrocínio judiciário em que as defensorias públicas terão um papel muito relevante. No Brasil, as defensorias públicas estão constituídas como instituições essenciais à administração da justiça, tendo como principal objectivo a orientação jurídica e a defesa da população mais carenciada[19]. A assistência jurídica prestada é judicial e extrajudicial, integral e gratuita. A constituição de 1988 previu a defensoria pública no âmbito dos estados, do Distrito Federal e da União. A importância do papel a ser desempenhado pelas defensorias públicas foi igualmente reconhecida pela reforma constitucional do judiciário que aprovou, na Emenda nº 45, a autonomia funcional, administrativa e financeira das defensorias públicas estaduais.

Tendo em conta a evolução dos mecanismos e concepções relativas ao acesso à justiça, a proposta de construção de uma defensoria pública, nos moldes como está prevista sua actuação no Brasil acumula diferentes vantagens potenciais: universalização do acesso através da assistência prestada por profissionais formados e recrutados especialmente para esse fim; assistência jurídica especializada para a defesa de interesses colectivos e difusos; diversificação do atendimento e da consulta jurídica para além da resolução judicial dos litígios, através da conciliação e da resolução extrajudicial de conflitos e, ainda, actuação na educação para os direitos.

Estas particularidades distinguem a defensoria, de entre as outras instituições do sistema de justiça, como aquela que melhores condições tem de contribuir para desvelar a procura judicial suprimida. Noutras palavras, cabe aos defensores públicos aplicar no seu quotidiano profissional a sociologia das ausências, reconhecendo

---

[19] Esta secção sobre as defensorias públicas deve muito ao trabalho de investigação e à dissertação de doutoramento da Élida Lauris (Acesso para quem precisa, para quem luta, direito para quem conhece Dinâmicas de colonialidade e narra (alterna-)tivas do acesso. A justiça no Brasil e em Portugal, Janeiro de 2014) que tive o gosto de orientar.

e afirmando os direitos dos cidadãos intimidados e impotentes, cuja procura por justiça e o conhecimento do/s direito/s têm sido suprimidos e activamente reproduzidos como não existentes.

Na actualidade, evidencia-se cada vez mais a contingentação do investimento público no acesso à justiça e mesmo os recursos confinados às populações entendidas como mais carenciadas têm vindo a ser reduzidos. Basta ver a tendência de estabelecimento de limites de rendimento como critério para o acesso à assistência jurídica gratuita[20]. Neste contexto, como parecerá óbvio, os programas e as instituições oficiais de assistência judiciária podem facilmente defraudar as expectativas dos cidadãos. Daí que os desafios e dificuldades a serem enfrentados pela defensoria pública para transformar as vantagens potenciais que apontei em vantagens reais bem como garantir a ampliação da cobertura e a qualidade do atendimento são ainda maiores e, em determinadas circunstâncias, pode até mesmo apresentar os contornos de uma verdadeira luta política e de confronto com outros órgãos do Estado e instituições do sistema de justiça.

Defendo que as defensorias públicas devem ser estimuladas. Esse estímulo também depende que se faça uma análise crítica e séria das suas deficiências. Tanto mais profícuo será o papel desempenhado pelas defensorias quanto mais seriamente sejam evidenciadas e reparadas as limitações e insuficiências com que se deparam. A luta pela valorização da instituição ganha, neste âmbito, natural relevância, sobretudo quando atentamos para o quadro

---

[20] De acordo com o III Diagnóstico da Defensoria Pública: "está havendo uma tendência a fixarem em até 3 salários mínimos o critério de renda para ser atendido pela Defensoria Pública" (Secretaria da Reforma do Judiciário, 2009). Em Portugal, a discussão acerca da ampliação ou restrição dos critérios de elegibilidade para concessão de apoio judiciário deu origem, em 2004, à redefinição dos critérios de insuficiência económica, assegurando-se a protecção da população mais carenciada, mas deixando de fora um amplo leque de população da classe média.

vigente de precarização dos programas e instituições públicas de acesso à justiça.

Algumas reformas legais têm sido levadas a cabo, no Brasil, com o objectivo de fortalecer a defensoria enquanto instituição e o seu papel na defesa de direitos. Nesse sentido, a Lei nº 11.448/2007, de 15 de Janeiro, legitimou a actuação da defensoria na protecção de direitos colectivos, difusos e individuais homogéneos conferindo-lhe legitimidade para a propositura de acções civis públicas[21]. A Lei Complementar nº 132/2009, de 07 de Outubro, por sua vez, alterou a orgânica das defensorias públicas no Brasil, uniformizando o seu funcionamento e regulando a sua autonomia administrativa e financeira[22]. Por outro lado, tendo em vista a qualidade do serviço público prestado e a proximidade dos cidadãos, esta lei reforçou o papel da defensoria no âmbito da educação para os direitos[23] e introduziu critérios de transparência na gestão do órgão, instituindo a figura do ouvidor externo. Diferente de estado para estado, a afirmação e a delimitação institucional do papel da defensoria têm-se desenrolado num ambiente de disputa com as outras profissões jurídicas, quer com a Ordem dos Advogados, no que toca à competição pela prestação de serviços jurídicos, face à proletarização da advocacia, quer com o Ministério Público, no âmbito da defesa dos direitos colectivos, difusos e individuais homogéneos[24].

---

[21] A Lei 12.966, de 2014, incluiu a protecção à honra e dignidade de grupos raciais, étnicos e religiosos no âmbito da acção civil pública.

[22] As Emendas Constitucionais 74, de 2013, e nº 80, de 2014, garantiram à Defensoria Pública da União a autonomia funcional e administrativa, a iniciativa e sua proposta orçamentária e a independência funcional, antes somente previstas para as defensorias Estaduais.

[23] Ver Reis, 2008.

[24] Ver, nesse sentido, a Acção Directa de Inconstitucionalidade nº 3943, interposta pela Associação Nacional dos Membros do Ministério Público (Conamp). A acção questiona a legitimidade ampla da defensoria pública para a proposição de acções

Não obstante os avanços trazidos por aquelas reformas legislativas, deve-se ter em atenção alguns pontos problemáticos do funcionamento das defensorias públicas, diagnosticados por estudos recentes[25]. Não sendo possível analisar em detalhe todos os resultados, destaco os seguintes:

(1) As características estruturais, organizacionais e funcionais das defensorias públicas estaduais (estrutura física, quadro de pessoal, conteúdos funcionais, dotação orçamental, remuneração do pessoal, formas e números de atendimentos, entre outras) são muito variáveis de estado para estado. Em 2009, o último diagnóstico sobre as defensorias públicas reportou, por exemplo, que duas defensorias públicas dos estados ainda mantinham vinculação directa ao executivo estadual; somente 42,31% das defensorias públicas tinham recebido o repasse das cotas mensais do orçamento destinadas à instituição em 2008 e apenas 10 defensorias contavam com ouvidoria. A instituição do ouvidor externo, por sua vez, ainda não está generalizada, tendo sido instituída até ao momento em 3 defensorias estaduais.

(2) Verifica-se um desnível na participação no orçamento das defensorias públicas face ao poder judiciário e ao Ministério Público.

(3) A estrutura da Defensoria Pública da União é pequena[26].

---

civis públicas, especialmente no que toca aos interesses difusos, apontando para a existência de sobreposição com as atribuições institucionais do ministério público.

[25] Ver Estudo Diagnóstico Defensoria Pública no Brasil, Secretaria da Reforma do Judiciário, 2004; II Diagnóstico da Defensoria Pública no Brasil, Secretaria da Reforma do Judiciário, 2006; e III Diagnóstico da Defensoria Pública no Brasil, Secretaria da Reforma do Judiciário, 2009.

[26] A Defensoria Pública da União foi criada e organizada pela Lei Complementar nº 80, de 12 de Janeiro de 1994, apenas com a Lei nº 9.020/1995, de 30 de Março, foi implantada, contudo, de forma ainda incipiente. A Lei Complementar

(4) Os quadros das defensorias públicas estaduais também são reduzidos em relação às necessidades de uma sociedade como a brasileira[27]. A cobertura do serviço é baixa. Projecta-se que os serviços das defensorias não consigam ultrapassar mais que 50% das comarcas existentes[28]. Como parece óbvio, essas deficiências acabam por resultar na prestação de uma assistência jurídica e judicial bastante limitada.

As actividades da defensoria estão permanentemente ameaçadas por um risco de afunilamento. As deficiências estruturais e na cobertura dos serviços têm como outra face a sobrecarga de trabalho dos defensores públicos. Parte significativa do trabalho dos defensores é consumida por uma justiça altamente rotinizada (litígios individuais cíveis, casos criminais, etc.), dificultando o investimento em áreas que consomem mais tempo de trabalho e preparação (litigação de interesses difusos e colectivos, educação para os direitos, resolução extrajudicial de conflitos). Deve-se men-

---

nº 132/2009, de 7 de Outubro, alterou a redacção originária da lei complementar anterior e estabeleceu uma série de garantias, direitos e deveres dos defensores públicos, regulamentando a constituição. A Emenda Constitucional nº 80, de 2014, estabeleceu o prazo de oito anos para que União, Estados e Distrito Federal contem com defensores públicos em todas as unidades jurisdicionais, com lotação prioritária às regiões com maiores índices de exclusão social e adensamento populacional.

[27] "No período de 2005 a 2009, o número de cargos sofreu um aumento de 9,15%. Nesse mesmo período, o número de cargos preenchidos aumentou 23,92%. Assim, o percentual de cargos preenchidos passou de 55%, em 2005, para 63,09%, em 2009. Por outro lado, no período de 2006 a 2008, o aumento no volume de trabalho dos Defensores Públicos foi significativo. O número de atendimentos realizados pelas Defensorias Públicas aumentou em 45,17%". (Secretaria da Reforma do Judiciário, 2009).

[28] De acordo com o estudo de diagnóstico de 2009, "entre os estados que responderam ao questionário, foram atendidas 832 comarcas, representando 41,09% do total de comarcas existentes nestes estados". (Secretaria da Reforma do Judiciário, 2009).

cionar, contudo, a existência de iniciativas no sentido de aprimorar a assistência prestada pelas defensorias públicas. Veja-se o caso da criação de defensorias especializadas[29]. Ao oferecer um atendimento especificamente dirigido a determinadas temáticas, estes núcleos tendem a contribuir para uma resposta mais qualificada. No âmbito da implementação da Lei Maria da Penha, por exemplo, tem-se assistido à implantação de núcleos especializados de defesa da mulher e das vítimas de violência[30].

As custas judiciais

Já no final de 1980[31], chamava a atenção para aquilo que os estudos empíricos sóciojurídicos têm denominado obstáculos económicos ao acesso à justiça. A investigação sociojurídica nesse domínio visibilizou os elevados custos da litigação nos países capitalistas, bem como a relação inversamente proporcional entre o valor da causa e o seu custo. De facto, nas pequenas causas os custos da justiça podem revelar-se mais caros do que o valor da acção. Considerando que os titulares destas acções tendem a ser os cidadãos economicamente mais débeis, estes sofrem uma dupla vitimização no acesso à justiça, amplificada pelos custos económicos e

---

[29] Veja-se o caso da Defensoria Pública do Estado de São Paulo que conta com a existência de núcleos especializados – de natureza permanente – cujo objectivo é promover uma actuação estratégica da instituição em áreas de importância sensível. Os núcleos também propõem acções judiciais e são responsáveis por coordenar o accionamento de cortes internacionais quando for necessário. Cada núcleo possui um defensor coordenador – com dedicação exclusiva ao cargo – e uma equipa de defensores integrantes. Ver http://www.defensoria.sp.gov.br/dpesp/Default.aspx?idPagina=3145, acedido em 28 de Dezembro de 2010.

[30] Uma proposta inovadora foi iniciada pela Defensoria Pública do Estado de Minas Gerais com a criação do NUDEM (Núcleo Especial de Defesa da Mulher e de Vítimas de Violência), em parceria com os governos federal, estadual e municipal. Ver http://www.premioinnovare.com.br/praticas/nucleo-de-defesa-dos-direitos-da-mulher-em-situacao-de-violencia-nudembh-1283/, acedido em 28 de Dezembro de 2010.

[31] Ver Santos, 1987.

sociais que podem decorrer da lentidão dos processos e, ainda, dos obstáculos geográficos no acesso aos tribunais. Tal como a lentidão dos processos, esta é uma realidade que pode influenciar significativamente as percepções sociais acerca dos tribunais. Nos inquéritos à opinião conduzidos pelo Observatório Permanente da Justiça Portuguesa em 1993 e em 2001, uma percentagem superior a 60% dos inquiridos manifestou concordância com a afirmação de que com dinheiro e um bom advogado uma pessoa consegue o que quer em tribunal[32].

Na União Europeia, segundo o relatório *Study on the Transparency of Costs of Civil Judicial Proceedings in the European Union*, as cinco principais fontes de custos da justiça são os seguintes: (1) as custas processuais; (2) os honorários de advogado; (3) as taxas devidas por actos de execução e penhora; (4) os honorários de peritos; e (5) as taxas de tradução. Como se vê, a diversidade dos custos de acesso à justiça é substancial e complexa, envolvendo, em determinadas situações, despesas não directamente relacionadas com o funcionamento da justiça, como é o caso das despesas de transporte.

O nível de transparência dos custos da justiça é geralmente baixo na Europa. Identificam-se três factores de opacidade: a falta de acesso à informação sobre custas processuais, a sua disseminação por diferentes diplomas legais e a excessiva complexidade técnica da elaboração da conta de custas, acompanhada de uma multiplicidade de regimes excepcionais. No caso do Brasil a questão das custas judiciais também assume uma complexidade especial, que se reflecte, igualmente, num baixo nível de transparência nesta matéria. No âmbito da justiça estadual, não só as custas judiciais variam muito de estado para estado, como não parece haver um critério racional que justifique essa disparidade[33]. Segundo o

---

[32] Ver Santos (coord.), 2005e.
[33] No caso brasileiro, o problema de disparidade no valor das custas é característico da justiça estadual porque o Brasil, por ser uma república federativa, dá a cada estado

diagnóstico do poder judicial no Brasil realizado pelo Ministério da Justiça, não é possível estabelecer comparação dos custos do acesso ao judiciário porque não existe padronização nos critérios de fixação das custas nos diferentes estados.

No mesmo sentido, estudo realizado pelo Departamento de Pesquisas Judiciárias do Conselho Nacional de Justiça chama atenção para os seguintes pontos nevrálgicos: a) carência de uniformidade nos conceitos, critérios, modelos de custas judiciais; b) discrepância dos valores cobrados nas diversas unidades federativas; c) falta de transparência da legislação relativa a essa matéria; d) políticas regressivas na fixação de custas em alguns estados, de modo a onerar em grau maior as classes económicas inferiores; e) distorção entre valores praticados na 1ª e na 2ª instância[34]. Os resultados sugerem ainda uma relação paradoxal entre o Índice de Desenvolvimento Humano e Produto Interno Bruto dos estados e os valores de cobrança de custas.

Essa falta de uniformização revela uma situação de grande assimetria[35]. É verdade que o país é regionalmente muito diferenciado, mas mesmo assim há muita irracionalidade em matéria de custas. Nesse sentido, em campanha lançada em 2005, a OAB chamava a atenção para as altas custas judicias, alertando igualmente para a absurda diferenciação de custas judiciais entre os estados-membros. Ao lançar a campanha, o então presidente da OAB, Roberto Busato, citou o seguinte exemplo concreto: uma causa de 50 mil reais, em que na Paraíba a parte tem que depositar R$ 5.391,57, em Rondônia, o valor das custas seria R$ 750,00 em

---

membro competência e autonomia para regular o seu sistema judicial. A justiça do trabalho não exige o pagamento prévio de custas para ajuizamento de uma acção, que são pagas apenas no fim do processo. Na Justiça Federal, o valor das custas estás padronizado pela Lei 9.289, de 4 de Julho de 1996.

[34] Procedimento de Controle Administrativo N.° 0005012-10.2009.2.00.0000.

[35] Ver Diagnóstico do Poder Judiciário, Secretaria da Reforma do Judiciário, 2004.

São Paulo, R$ 500,00 e no Distrito Federal: R$ 321,79[36]. Senão é possível ter as mesmas custas, ao menos que haja uma padronização dos critérios[37].

A diversidade e opacidade da regulamentação das custas processuais têm gerado, em Portugal, situações particularmente paradoxais. Além de, fruto das sucessivas alterações àquela regulamentação, ter sido frequente a existência nos diversos tribunais de acções que se regiam por regimes jurídicos de custas completamente distintos, as alterações às custas processuais têm suscitado discursos absolutamente antagónicos entre os diversos actores da cena judicial e política. Face à aprovação do Regulamento das Custas Processuais de 2008, surgiram, por um lado, as ferozes críticas da Ordem dos Advogados por as alterações repercutirem num aumento do valor das custas processuais[38] e, por outro, especulações sobre a possibilidade de perda de receita do Ministério da Justiça em função daquela alteração. A padronização do regime de custas processuais foi promovida pela Lei nº 7/2012, de 13 de Fevereiro. Apesar de alguma simplificação do regime, mantém-se a excessiva complexidade técnica da elaboração da conta de custas[39].

Noutra dimensão, devem ser igualmente estimuladas todas as alternativas que possam contribuir para uma forma alternativa de

---

[36] Notícia publicada no site da OAB em 24 de Outubro de 2005.

[37] É de referir a iniciativa do CNJ, com criação de grupo de trabalho para este fim, no sentido actuar no estabelecimento de linhas gerais para orientar os estados na fixação de um modelo de cobrança de custas mais adequado.

[38] Ver notícia publicada no jornal "Público", em 24 de Abril de 2009, sob o título "Custas Judiciais: ordem incentiva advogados a suscitarem inconstitucionalidade" (http://www.publico.pt/Sociedade/custas-judiciais-ordem-incentiva-advogados-a--suscitarem-inconstitucionalidade_1376501, acedido em 30 de Abril de 2011).

[39] O Regulamento das Custas Processuais de 2008 foi alterado, pela oitava vez, em 30 de Agosto de 2013 (Decreto-Lei nº126/2013), o que por si é indicador da turbulência nesta matéria. De entre as alterações, destaca-se a que obriga a parte vencedora a pedir directamente as custas de parte à parte vencida, ao invés de o fazer ao tribunal, o que torna mais difícil reaver o dinheiro.

pensar o acesso à justiça. Na medida em que o bloqueio dos paradigmas de transformação social enfatiza o papel do marco jurídico e judicial e das alternativas que levam o direito e os direitos a sério, o não desperdício de experiências passa a ser condição primeira da construção de um novo senso comum jurídico. Menciono de seguida alguns exemplos.

As promotoras legais populares
Dentro de uma perspectiva feminista crítica do direito, esta é uma iniciativa exemplar no que toca à importância do intercâmbio de saberes e experiências no âmbito da actuação dos movimentos sociais. Existentes há cerca de duas décadas em alguns países da América Latina, como Peru, Argentina e Chile, as propostas de capacitação jurídica de mulheres foram apresentadas aos movimentos feministas brasileiros num seminário sobre direitos da mulher promovido pelo CLADEM (Comité Latino Americano de Defesa dos Direitos da Mulher), em 1992. Já no ano de 1993, a ONG Themis Assessoria Jurídica e Estudos de Género foi a primeira a implantar o projecto no país, nomeadamente nas cidades de Porto Alegre e Canoas. Em 1994, a União de Mulheres de São Paulo, com apoio do Instituto Brasileiro de Advocacia Pública, Movimento do Ministério Público Democrático e Associação Juízes para a Democracia introduziu a iniciativa em São Paulo com a condução do seminário "Introdução ao Curso de Promotoras Legais Populares"[40].

A metodologia consiste em socializar, articular e capacitar mulheres nas áreas do direito, da justiça e nomeadamente no combate à discriminação de género. Para tanto, são organizados

---

[40] Em 2004, ao celebrar os 10 anos de projecto, a União de Mulheres de São Paulo já tinha contribuído com a formação de 2.000 promotoras legais populares no estado de São Paulo. Ver http://www.promotoraslegaispopulares.org.br e ainda http://www.themis.org.br, acedidos em 28 de Dezembro de 2010.

cursos que orientem as mulheres participantes a: (1) conhecer os direitos que têm assegurados juridicamente; e (2) reconhecer as situações em que ocorrem a violação desses direitos e quais os mecanismos disponíveis para pleitear sua reparação. Os conteúdos dos cursos incluem a introdução ao estudo do direito, o conhecimento de normas e políticas de direitos humanos, do sistema de protecção internacional, do direito constitucional, dos direitos reprodutivos, dos direitos de família, laborais, previdenciários, penal e, ainda, aborto e saúde, direitos contra a discriminação racial e do consumidor, entre outros. Outros temas podem ser sugeridos pelas participantes. Em geral, o programa inclui ainda visitas a instituições relacionadas com a justiça: juizados, fóruns, etc. A principal característica dessa iniciativa é a ênfase que dá à questão de género, partindo do pressuposto que o conhecimento da lei e dos mecanismos que orientam a actuação do judiciário possibilitam às mulheres lutar contra uma situação de desvantagem inicial diante de instâncias públicas e privadas, que tendem a oferecer tratamento desigual aos homens e às mulheres. À medida que a mulheres tomam conhecimento dos seus direitos e sabem a quem apelar, ficam menos susceptíveis à violência e à discriminação. Nesse sentido, os conteúdos dos cursos procuram sempre chamar a atenção para a perspectiva dos direitos das mulheres. O objectivo principal é que as participantes, ao fim do curso, estejam preparadas para actuarem como agentes multiplicadoras, orientando outras pessoas, em especial, outras mulheres[41].

Dentre as iniciativas em curso no Brasil destaca-se ainda o curso de promotoras legais populares do Distrito Federal, cuja característica distintiva reside na articulação entre as práticas de capacitação jurídica e as práticas de extensão da Faculdade de Direito da Universidade de Brasília. Os estudantes da faculdade

---

[41] Ver http://www.polis.org.br/publicacoes/dicas/dicas_interna.asp?codigo=78, acedido em 28 de Dezembro de 2010.

integram a coordenação do projecto, exigindo-se uma participação criativa na definição dos conteúdos das oficinas de acordo com uma perspectiva progressista e de emancipação através do direito. São ideias basilares do curso a cidadania activa, a responsabilidade social e o direito à diferença.

A interacção entre as alunas do curso e os futuros profissionais do direito interfere também na formação destes últimos, dotando-os de instrumental empírico, analítico e crítico de modo a que se percebam como capazes de propor soluções novas e alternativas ao dogmatismo jurídico. A extensão universitária emerge como canal privilegiado de contacto com a diversidade jurídica do mundo exterior à faculdade actuando na reformulação da consciência jurídica de formadores e formandas num circuito recíproco de ensino e aprendizagem.

É de se enfatizar igualmente a importância da actuação das organizações feministas no Brasil na capacitação jurídica das mulheres na luta contra a violência doméstica e aplicação da Lei Maria da Penha[42]. A luta do movimento de mulheres ganha maior importância face ao quadro de precariedade institucional de defesa da mulher neste domínio, especialmente dados os problemas de estrutura dos juizados de violência doméstica, quando existentes, e as deficiências na formação dos profissionais, especialmente juízes, a actuarem nestes órgãos especiais[43].

---

[42] Ver Lavigne, 2009 e Santos, Cecília 2010a.
[43] Lei nº 11.340/2006, de 7 de Agosto, cria mecanismos para coibir a violência doméstica e familiar contra a mulher. Notícia veiculada no site do CNJ, em 25 de Novembro de 2010, alerta para a sobrecarga de trabalho dos juizados de violência doméstica e falta de qualificação dos seus profissionais, ver http://www.cnj.jus.br/index.php?option=com_content&view=article&id=12 796:varas-de-violencia-contra-a-mulher-sofrem-com-falta-de-estrutura-diz-juiza&catid=1:notas&Itemid=675, acedido em 28 de Dezembro de 2010. Acerca da defesa da aplicação da Lei Maria da Penha de acordo com a interpretação do crime de violência doméstica enquanto grave lesão de direitos humanos

Em Portugal, à semelhança do que ocorreu nas instituições internacionais, os primeiros passos na criação de um sistema de prevenção, repressão e punição de actos que configuram violência doméstica, bem como de mecanismos de protecção das suas vítimas, surgem, essencialmente, na década de 1990, com a aprovação dos primeiros diplomas que constituem a base do sistema social de protecção às vítimas[44]. Entre 1999 e 2007 foram aprovados três planos nacionais contra a violência doméstica e sucederam-se as alterações legislativas, quer na tipificação legal do crime, nos pressupostos da sua punibilidade e nos meios processuais de repressão desses actos, quer na estrutura do sistema social de apoio e protecção às vítimas, que culminou na publicação da Lei nº 112/2009, de 16 de Setembro, que estabelece o regime jurídico aplicável à prevenção da violência doméstica, à protecção e assistência das suas vítimas. A crescente atenção dada a esta matéria determinou a multiplicação, em várias comarcas, de protocolos celebrados entre as várias entidades que interagem com vítimas de violência doméstica (órgãos de polícia criminal, gabinetes médico-legais, casas abrigo, unidades de saúde psiquiátricas), sob a égide do ministério público. A estrutura jurídica, neste aspecto, organizou-se, assim, por um lado, de forma institucional e, por outro, focou-se na protecção após a prática dos factos e não na prevenção dos mesmos.

As assessorias jurídicas universitárias populares
Na América Latina, o processo de consolidação dos serviços jurídicos, atendendo às características locais de aplicação e reprodução do direito, apresenta contornos muito distintos dos serviços jurí-

---

a ser processado mediante acção penal pública incondicionada, ver a Acção Directa de Inconstitucionalidade 4424 (http://www.stf.jus.br/portal/processo/verProcessoAndamento.asp?numero=4424&classe=ADI&origem=AP&recurso=0&tipoJulgamento=M, acedido em 28 de Dezembro de 2010).
[44] Lei nº 61/91, de 13 de Agosto e Lei nº 129/99, de 20 Agosto.

dicos dos países centrais. Nesse sentido, parte da literatura socio-jurídica latino-americana tem-se dedicado ao estudo dos serviços jurídicos caracterizados como alternativos ou inovadores[45]. Estes serviços direccionam-se às populações à margem do contrato social (pobres, mulheres, populações indígenas, trabalhadores rurais) e mantêm com o Estado uma relação ambígua, ora utilizando o direito e as ferramentas jurídicas como mecanismos de protecção e de transformação social, ora exercendo uma postura crítica em relação à legalidade e a política pública instituídas e ao papel das instituições do Estado.

No contexto europeu, é significativo o facto de alguns autores defenderem a adesão das faculdades de direito ao chamado *Clinical Legal Movement*. Marson (2005), por exemplo, ao criticar o facto de poucas faculdades de direito no Reino Unido integrarem núcleos de prática jurídica que permitam o contacto real dos estudantes com os casos e as necessidades dos clientes, ressalta a importância desta ferramenta para o ensino do direito. Argumenta que a utilização desse método de ensino oferece uma oportunidade de aprendizagem difícil de replicar numa sala de aula, permitindo aos estudantes avaliarem as diferenças entre o direito nos livros e o direito na prática, para além de possibilitar à faculdade a prestação de um serviço valioso para as comunidades locais. A experiência latino-americana de assessoria jurídica inova este cenário, convocando a um processo de aprendizagem e de aplicação crítica e politizada do direito em aproximação com as demandas populares[46].

No Brasil, o estudo dos serviços jurídicos tem sido feito com base em duas categorias opostas: serviços jurídicos inovadores e serviços

---

[45] Ver Rojas, 1989.
[46] Em Portugal, embora com características diferentes, a introdução da prática jurídica no ensino do direito constitui o mote do projecto da Faculdade de Direito da Universidade de Coimbra de criação do Tribunal Universitário Judicial e Europeu. Para mais informações, ver http://www.uc.pt/TUJE, acedido em 29 de Abril de 2011.

jurídicos tradicionais[47]. No que toca à actuação das faculdades de direito, estes dois pólos opostos materializam-se em dois modelos de intervenção: os escritórios-modelo e as assessorias jurídicas universitárias populares[48]. O primeiro modelo de cariz institucional, vincula-se às actividades de ensino e ao currículo mínimo das faculdades de direito e caracteriza-se por uma prática jurídica de micro-litigação, em regra, individualista, rotinizada e despolitizada.

As assessorias jurídicas universitárias, por sua vez, remetem para uma prática jurídica desenvolvida por estudantes de direito que tem hoje uma capacidade nova de passar da clínica jurídica individual, *a la* americana, para uma forma de assistência e de assessoria jurídica atenta aos conflitos estruturais e de intervenção mais solidária e mais politizada. Essa iniciativa distancia-se muito da assistência jurídica que é normalmente oferecida pelos escritórios-modelo na medida em que estes estão mais concentrados na preparação técnico-burocrática dos estudantes e orientados para as acções individuais (despejo; pensão de alimentos; separação e divórcio, etc.). Em sentido oposto, as assessorias jurídicas populares dão importância à acção de defesa de direitos colectivos em articulação com movimentos sociais e organizações populares.

Não é difícil concluir que os grupos que exercem esse tipo de assessoria têm como ponto de partida a pródiga comunhão entre ensino, pesquisa e extensão. Ao contribuírem para uma *praxis* diferenciada, dialógica e multidisciplinar, as assessorias universitárias populares desempenham um importante papel não só na reconstrução crítica do direito, da justiça e do ensino jurídico hegemónicos, mas também na redefinição do lugar social da universidade. Tenho chamado a atenção para o facto de a universidade se encontrar sobre o impacto cruzado de diferentes crises que têm abalado estruturalmente a legitimidade e a sustentabilidade de um

---

[47] Ver Campilongo, 2000 e Luz, 2006.
[48] Ver Luz, 2006.

projecto baseado na produção de conhecimento epistemológica e socialmente privilegiado. A saída da crise e a reinvenção do papel da universidade não pode passar por outro caminho que não por um amplo programa de responsabilização social, o que implicará uma permeabilidade empenhada e criativa face às demandas sociais, sobretudo daqueles grupos que não têm poder para as impor[49].

A participação dos estudantes de Direito em tais projectos favorece a aproximação a espaços muitas vezes ignorados e que servirão de "gatilhos pedagógicos" para uma formação mais sensível aos problemas sociais, o que nem a leitura de um óptimo texto descritivo de tal realidade poderia proporcionar. É a interacção entre estudantes e sociedade a agir como protagonista do processo de ensino e aprendizagem.

As iniciativas de assessorias jurídicas universitárias têm crescido nos últimos anos e, hoje, estão presentes em universidades públicas e privadas em todo o Brasil. A título de exemplo posso citar: (1) Direito Achado na Rua (UNB-Brasília); (2) o programa modelar de assessoria jurídica popular da faculdade de Direito da UFMG, em Belo Horizonte; (3) NAJUP-RS (Núcleo de Assessoria Jurídica Popular, da PUCRS – Rio Grande do Sul); (4) CAJU (Centro de Assessoria Jurídica Universitária, da Universidade Federal do Ceará); e (5) SAJU (Serviço de Assessoria Jurídica Universitária, da Universidade Federal da Bahia)[50].

---

[49] Santos, 2004. A proposta de reforma do ensino do direito desencadeada pela Portaria nº 1.886, de 30 de Dezembro de 1994, ao perseguir o propósito de fazer com que as faculdades adoptassem uma prática diferente da assistência jurídica técnico-burocrática típica dos escritórios-modelo, investiu na ideia de criação de Núcleos de Prática Jurídica como espaços de germinação de uma *práxis* diferenciada e progressista. Ver Sousa Júnior, 2008 e, mais abaixo, o tópico relativo ao ensino do direito.

[50] Reconhecendo e incentivando o trabalho e o valor dessa prática jurídica, em Março de 2006, o Governo Federal brasileiro, através do Ministério da Educação

A capacitação jurídica de líderes comunitários

Refere-se a programas governamentais e não-governamentais voltados para a preparação de integrantes da comunidade como mediadores na solução dos conflitos locais. No campo das iniciativas governamentais, por exemplo, o trabalho que a juíza Gláucia Falsarella Foley, do Tribunal de Justiça do Distrito Federal, tem vindo a fazer através do programa "Justiça Comunitária" é extraordinário.

A experiência de justiça comunitária no Brasil está relacionada com o impulso dos tribunais de justiça estaduais em capacitar os membros das localidades mais pobres a prestar orientação jurídica e dar solução a problemas que não poderiam ser solucionados devidamente no judiciário por não se adequarem às exigências formais/ /probatórias do juízo ou porque não obteriam uma pronta resposta na justiça oficial. A mediação é o meio de solução de conflitos do qual o projecto lança mão. A formação do agente comunitário é contínua, conjugando um período de formação teórica inicial com a prática nos casos que aparecem no quotidiano. Para tanto, os agentes contam com uma assessoria jurídica que os orienta para a solução dos problemas apresentados. O programa de justiça comunitária do Distrito Federal conta com dois escritórios, nas cidades-satélites de Ceilândia e Taguatinga. As estatísticas de 57 meses de execução do projecto indicam 10.600 pessoas atendidas directamente e 21.200 pessoas atendidas indirectamente. O atendimento divide-se em duas modalidades: o encaminhamento sociojurídico (84,43%) e a mediação (15,57%). É grande a afluência da população para as actividades de divulgação, mobilização e educação para os direitos. A área do direito que regista mais

---

em parceria com o Ministério da Justiça, realizou, de forma pioneira, o lançamento do "Programa Reconhecer", um edital público com o objectivo de apoiar e financiar projectos universitários dedicados à assessoria jurídica popular.

atendimentos é o direito de família[51]. A partir da experiência do Distrito Federal, a iniciativa tem-se estendido para outros tribunais de justiça. A Secretaria de Reforma do Judiciário tem igualmente apoiado a extensão nacional do programa, incentivando a criação de núcleos de justiça comunitária com financiamento das actividades de capacitação de agentes de mediação comunitária.

Num primeiro momento, o exemplo do programa justiça comunitária convida-nos a pensar na importância do poder judiciário como instituição de fomento à solução alternativa de litígios[52]. Um estudo recente sobre sistemas alternativos de resolução de conflitos no Brasil demonstrou que das 67 iniciativas em curso no ano de 2004, 33 eram programas criados por instituições públicas, 32 desenvolvidos por organizações não-governamentais e 2 criados por universidades. No caso dos programas públicos, o poder judiciário destaca-se como um dos principais impulsionadores da resolução alternativa de conflitos. Nos programas públicos, predominam, assim, os instituídos pelo judiciário estadual (17 programas, 51%), sendo 10 criados por tribunais de justiça e os restantes criados em varas e juizados[53]. Nos programas não-governamentais, predominam as organizações de abrangência nacional, de pequena e média estrutura, com alto grau de profissionalização (a maioria trabalha com técnicos remunerados) e direcção composta por

---

[51] Dados extraídos da publicação *Relato de uma experiência: Programa Justiça Comunitária do Distrito Federal*, Ministério da Justiça, Brasil.

[52] No campo do fomento institucional à resolução alternativa de conflitos, cumpre referir o projecto do CNJ "Movimento pela Conciliação".

[53] Existem ainda várias iniciativas coordenadas ou executadas pelos e nos tribunais e em parceria com outras instituições públicas e privadas em que diversos tipos de serviços são prestados à população: informações sobre direitos, justiça itinerante, actos notariais (casamentos, certidões, registos de nascimento, identidade), etc. São exemplos de acções desse género os projectos "Paraná em acção" e "Justiça no Bairro", no estado do Paraná, ou "Justiça na Praça", no estado do Pará, entre outros.

voluntários. A maior parte existe há mais de 10 anos e possui igual experiência na resolução alternativa de conflitos[54]. No âmbito das iniciativas não-governamentais de resolução de conflitos dirigidas para a capacitação de líderes comunitários e criação de escritórios populares de mediação, cito a actividade da organização não-governamental Jus Populi, na Bahia.

Num segundo momento, este exemplo convoca-nos a reflectir sobre o papel da mediação face às limitações do modelo adversarial de resolução de conflitos. Nos estudos realizados no Observatório Permanente da Justiça temos ressaltado a importância da mediação e da utilização de estratégias de justiça restaurativa como forma de assegurar uma aproximação mais qualificada entre o conflito jurídico e o conflito social. Nesse sentido, na investigação dirigida à análise da Lei Tutelar Educativa, recomendamos o recrudescimento da mediação no âmbito tutelar educativo nas suas diferentes fases: no inquérito, na aplicação de medida tutelar e na sua execução. No mesmo sentido, defendemos, desta feita na avaliação do regime jurídico do divórcio, a possibilidade de se recorrer ao sistema de mediação familiar em diferentes momentos do conflito[55]. Em contraposição ao modelo adversarial clássico e à centralidade dos tribunais na resolução de conflitos, emerge a concepção de tribunal multi-portas[56], que abarca no seu seio

---

[54] Ver Acesso à Justiça por Sistemas Alternativos de Solução de Conflitos: mapeamento nacional de programas públicos e não-governamentais, Secretaria da Reforma do Judiciário, 2005.
[55] Ver Santos e Gomes (coords.), 2010a; 2010b e Lauris e Fernando, 2010.
[56] O conceito de tribunal multi-portas foi inicialmente desenvolvido pelo Professor Frank Sander, da *Harvard Law School*, em Abril de 1976, em conferência organizada pelo *Chief Justice* Warren Burger. Procurando oferecer soluções para os problemas enfrentados pelos juízes na administração da justiça, Sander propôs uma reconfiguração futurista do conceito de tribunal aproximando-o da ideia de um centro de resolução de litígios que pudesse oferecer um leque variado de opções para a resolução de litígios, no qual a decisão através do contencioso seria uma opção

diferentes mecanismos de composição dos conflitos, oferecendo respostas diferenciadas a situações diversas e, assim, contrapondo ao sistema autoritário tradicional o potencial emancipatório que a promoção do consenso abraça.

Por outro lado, tenho alertado para os riscos das situações em que a mediação se dá entre partes com poder social estruturalmente diferente. Nestes casos, a mediação está susceptível a assumir um carácter repressivo, devido a ausência de um poder coercivo que possa neutralizar as diferenças entre as partes. É neste âmbito que tenho criticado a Resolução do Conselho de Ministros nº 172/2007, de 11 de Outubro. Esta resolução, em consonância com o Plano de Acção para o Descongestionamento dos Tribunais, propõe um conjunto de orientações e medidas, nomeadamente a dispensa da necessidade de apresentação de uma acção judicial em matéria de acidentes de trabalho quando, após a realização dos exames médicos necessários, exista acordo entre trabalhador e empregador e decisão favorável de entidade administrativa ou equivalente. Muito embora ainda não seja possível recorrer à mediação em acidentes de trabalho, uma vez que ainda não foi aprovado diploma legislativo a regulamentar a matéria, em estudo recente sobre a indemnização do corpo e da vida na lei e nas decisões judiciais, salientamos o facto de que as tendências desjudicializadoras em matéria de acidente de trabalho[57], ainda que sejam limitadas às pequenas incapacidades, poderão constituir, na prática, uma forma altamente perigosa de mediação repressiva no âmbito de direitos fundamentais, como a integridade física dos trabalhadores.

---

entre muitas, incluindo a conciliação, a mediação, a arbitragem, os provedores de justiça, entre outros. Ver Kessler e Finkelstein, 1988.

[57] Ver Santos (coord.), 2010.

A advocacia popular

A acção dos advogados populares por toda a América Latina é, hoje, uma forma de mobilização jurídica nova[58]. A Colômbia oferece uma grande experiência de advocacia popular, orientada para os conflitos estruturais (violência política, terra, recursos naturais). Talvez por isso cerca de metade dos advogados populares estão ameaçados e alguns têm de mudar de região e, por vezes, de sair daquele país. A actividade da advocacia popular está voltada sobretudo para a efectivação de direitos colectivos: movimentos de luta pela moradia urbana e rural; dos trabalhadores desempregados; dos indígenas; dos atingidos por barragens, das rádios comunitárias, aposentados e pensionistas da previdência social, etc.

No Brasil, a história de consolidação da assessoria jurídica popular acompanha as mudanças políticas das últimas décadas. Nesse sentido, a passagem do período autoritário para a democratização representa um marco de conversão e convergência da prática jurídica em defesa das demandas populares. Nas décadas de 60 e 70 do século passado, a repressão vivida nos anos de ditadura militar impulsionaram a consolidação de uma consciência jurídica de protecção contra as práticas autoritárias e de exclusão, particularmente visível na defesa dos perseguidos políticos contra os abusos e violações de direitos praticados pelo regime político e na defesa dos trabalhadores rurais contra as práticas de espoliação do regime económico. Neste contexto, em 1975, assiste-se a criação da Comissão Pastoral da Terra. A partir da década de 80, embalados pela ebulição da abertura política e pelo processo de redemocratização, a expansão da defesa jurídica popular influencia e é influenciada pelo maior activismo dos movimentos sociais e pelo processo de construção de um pensamento jurídico alternativo e

---

[58] Esta secção deve muito à investigação de Flávia Carlet que prepara uma dissertação de doutoramento sob a minha orientação sobre o mesmo tema.

crítico[59]. São expressivos neste período a fundação da Associação de Advogados de Trabalhadores Rurais (AATR) e do Instituto de Apoio Jurídico Popular (IAJUP)[60].

Este processo de evolução da advocacia popular testemunha ainda a passagem de um modelo de defesa de base individualista para um modelo baseado na politização e colectivização do direito. Assim, num primeiro momento, a actuação jurídica em prol das lutas populares, em especial dos trabalhadores rurais, assume um carácter micro-individual e reactivo, sobretudo face às perseguições sofridas. Posteriormente, com o envolvimento de organizações ligadas às igrejas, aos sindicatos e às universidades, a defesa jurídica popular emerge também como um projecto político. Nesta nova fase, destaca-se a criação e actuação da Rede Nacional de Advogados e Advogadas Populares (RENAP). Outros exemplos desta prática estão na assessoria jurídica prestada por advogados integrantes de ONG como ACESSO-Cidadania e Direitos Humanos, Rede Social de Justiça e Direitos Humanos, Centro de Assessoria Popular Mariana Criola, Dignitatis, Cerrado e Terra de Direitos.

A advocacia popular encerra um conteúdo epistémico e uma práxis próprios que singularizam a sua actuação e a contrapõem à

---

[59] Nesse sentido, ver Luz, 2008:119: "... a nova legitimação processual colectiva; a crescente institucionalização dos novos movimentos sociais; o surgimento de correntes críticas na magistratura e na academia podem ser destacados como factores que contribuíram fortemente para a abertura de alguns canais de actuação de entidades especificamente voltadas à questão do apoio jurídico popular".

[60] Ver Carlet, 2010. O projecto pedagógico do IAJUP incorporava actividades como cursos de formação e capacitação de lideranças comunitárias, assessoria aos movimentos sociais em questões agrárias e urbanas; a promoção de estágios de cunho crítico destinados a estudantes, debates, eventos, e publicações ligadas às demandas populares, ver Luz, 2008: 132. No final da década de 90, o instituto foi dissolvido.

lógica do funcionamento da advocacia tradicional[61]. Carlet[62] identifica três vectores do que denomino conteúdo epistémico da advocacia popular. O primeiro vector é o compromisso com as causas populares, isto é, entre clientes, caso e advogado estabelece-se um vínculo de compromisso muito além do compromisso profissional que leva o advogado a assumir o caso como causa, defendendo-o ideologicamente como um projecto próprio. Uma vez que o caso é ideologicamente apropriado como causa política, o segundo vector é a necessidade frequente de formação política, aliada aos objectivos e aos pressupostos das lutas populares que lhe subjazem. O terceiro vector é a solidariedade, vista tanto como solidariedade social quanto como solidariedade pragmática e de intervenção. A solidariedade social reside na aproximação concreta e qualificada do advogado às injustiças que marcam o caso, enquanto a solidariedade pragmática e de intervenção refere-se às alianças locais e translocais entre advogados populares e entre estes e os movimentos sociais. Esta *praxis* solidária como força criativa, estímulo e orientação profissional subjaz à organização e funcionamento das redes de advogados populares, como é o caso da RENAP.

Destaca-se ainda os valores e princípios que orientam a prática profissional da advocacia popular, de que são exemplos o compromisso com uma relação horizontal e não hierárquica com os clientes, a valorização do intercâmbio de saberes e orientação dos representados no sentido da sua emancipação e não da dependência e subalternização. Como já salientei noutro lugar, algumas das vozes da teoria crítica do direito, incluindo eu próprio, chamam a atenção para o facto da moderna juridificação da vida social – ou

---

[61] Neste sentido, ver Junqueira, 2002: 194 *apud* Buchanan e Trubek, 1992: "Esta advocacia, dirigida aos sectores mais baixos, enfatiza a transformação social a partir de uma actividade profissional que humaniza o cliente, politiza a demanda jurídica, estabelece formas de colaboração entre o advogado e o cliente, cria estratégias de luta e resistência e, além disso, anima a organização colectiva da clientela".
[62] Ver Carlet, 2010.

seja, a concepção segundo a qual as transformações sociais são uma luta por direitos cuja regulação é exercida pela democracia liberal e pelo Estado de direito – se traduziu num recuo da política, à medida que a protecção de um número crescente de interesses sociais foi passando a estar dependente de especialistas do direito dotados de uma mentalidade tecnicista, em vez de depender da mobilização e do peso político[63]. Ao encerrar uma epistemologia e prática próprias, a advocacia popular acaba por subverter os pressupostos de imparcialidade, neutralidade e despolitização das profissões jurídicas apostando na aproximação, autonomização, organização e mobilização política dos movimentos sociais e organizações populares. Trata-se de um circuito de aprendizagem recíproca em que a mobilização do direito actua a serviço da transformação social e a mobilização social transforma os pressupostos de actuação da prática jurídica.

Na literatura jurídica internacional, esta permeabilidade entre a actuação jurídica e os interesses e necessidades de certos grupos, em especial das populações excluídas, discriminadas e marginalizadas, tem sido denominada *cause lawyering*[64]. A utilização deste termo visa distinguir um estilo único de prática jurídica, marcado pela dedicação e identidade entre a acção profissional e determinadas causas. Neste contexto, a *praxis* jurídica vista com um conjunto de técnicas destituídas de valor ou comprometimento social e político é substituída por uma prática vista como um campo de defesa política e axiológico onde interferem significativamente a crença dos operadores acerca de quais devem ser a organização, a resolução de conflitos e os valores morais a prevalecer na sociedade. Se, por um lado, este modelo de activismo moral na prática jurídica contribui para a humanização da advocacia tradicional, por outro lado, ao desconstruir o entendimento dominante acerca da aplicação neu-

---

[63] Ver Santos 1995, 2000b, 2002.
[64] Ver Sarat e Scheingold, 1998, 2001 e 2005.

tra do direito e propugnar por concepções contra-hegemónicas e alternativas, esta aproximação entre comprometimento profissional, político e moral desestabiliza o funcionamento pretensamente autónomo do sistema jurídico e judicial, gerando hostilidades, especialmente no âmbito das profissões jurídicas organizadas.

No contexto de mudança do exercício do direito e da justiça de que tenho tratado, a advocacia popular também se encontra em movimento. A sua consolidação dependerá da capacidade de ultrapassar os desafios à sua sustentabilidade, reconhecimento[65] e à concretização deste projecto de justiça alimentado pelas justas expectativas de uma sociedade mais solidária. No curso da sua afirmação, a utilização das ferramentas jurídicas hegemónicas e o recurso a concepções alternativas não-hegemónicas encontrará contradições, avanços e recuos e a realização do potencial emancipatório do direito dependerá não só de proactividade, mas também de resiliência e constante vigilância epistemológica[66].

Contra o desperdício da experiência
Esta profusão de iniciativas inovadoras, alternativas ou críticas partilham um denominador com grande potencial de transformação das práticas tradicionais de acesso à justiça: a capacitação jurídica do cidadão. É preciso que os cidadãos se capacitem juridicamente, porque o direito, apesar de ser um bem que está na sabedoria do povo, é manejado e apresentado pelas profissões jurídicas através do controlo de uma linguagem técnica ininteligível para o cidadão comum. Com a capacitação jurídica, o direito converte-se de um instrumento hegemónico de alienação das partes e despolitização

---

[65] Carlet (2010) aponta alguns desafios à sustentabilidade da advocacia popular, nomeadamente, as dificuldades relativas à remuneração (baixa e até mesmo ausente) dos profissionais que, por sua vez, actua como obstáculo às necessidades de qualificação profissional e de estrutura logística de trabalho.

[66] Mais abaixo, estas questões são tratadas com mais detalhe no tópico relativo aos movimentos sociais, tribunais e apreciação dos conflitos estruturais.

dos conflitos a uma ferramenta contra-hegemónica apropriada de baixo para cima como estratégia de luta.

A função da prática e do pensamento emancipadores consiste em ampliar o espectro do possível através da experimentação e da reflexão acerca de alternativas que representem formas de sociedades mais justas[67]. A luta democrática é, antes de mais, a luta pela construção de alternativas democráticas. Levantam-se naturalmente questões relativas à viabilidade destas iniciativas e a sua sobrevivência, sobretudo, dada a necessidade de preservarem a autonomia decisória e a postura crítica dentro de um marco jurídico hegemónico demoliberal. Em primeiro lugar, a discussão acerca da viabilidade e do alcance das iniciativas não pode servir de pretexto para a sua invisibilização[68]. Em segundo, o apoio a dar a estas iniciativas ou a ser recebido por elas deve ser muito criterioso. A minha experiência diz que o financiamento externo, ao mesmo tempo que é fundamental para sua sustentabilidade, pode facilmente desvirtuá-las ou coopta-las. Assim será se representar uma influência paternalista/maternalista ou sectária, que põe em causa a autonomia das organizações e das decisões. É preciso financiar assumindo riscos, não para buscar votos ou para controlar.

---

[67] Ver Santos e Rodriguez-Garavito, 2006.
[68] Dentro dos propósitos de difusão do conhecimento e valorização das iniciativas voltadas para a dinamização do *ethos* jurídico no Brasil, deve-se mencionar Prémio Innovare. Ver http://www.premioinnovare.com.br, acedido em 28 de Dezembro de 2010.

CAPÍTULO 3
INOVAÇÕES INSTITUCIONAIS QUE PODEM SER PARTE DA SOLUÇÃO

Neste capítulo, o objectivo central é valorizar experiências e estratégias que fomentem a aproximação entre a justiça e a cidadania. Não basta uma proximidade apenas física, formal ou temporal. As pessoas que vivem nas favelas sabem o que é um polícia de proximidade. É aquele que bate à entrada e bate à saída da favela. Precisamos sobretudo fortalecer a dimensão humana no sentido de construção de uma justiça democrática de proximidade.

Neste domínio dever-se começar pelo Ministério Público. O recorte constitucional do pós-25 de Abril e as amplas competências atribuídas ao ministério público em Portugal, não só na sua veste tradicional de titular da acção penal ou de garante da legalidade, mas também no potencial de se erigir em ponte de contacto entre os tribunais e os cidadãos, geraram expectativas elevadas. O fraco investimento na capacitação deste corpo profissional, o seu ensimesmamento e a sua resignação em se ater apenas as suas áreas tradicionais de actuação – a acção penal, a jurisdição laboral e a jurisdição de família e menores – não tem permitido que este abrace novos domínios, como o dos direitos difusos e colectivos[1].

Da mesma forma, no Brasil, o texto constitucional de 1988 representou um avanço no tratamento dispensado ao Ministério Público, bem como na ampliação de suas atribuições. A instituição tem um papel fundamental na estrutura do Estado democrático de direito mas, em alguns casos, tem sido criticada por estar aquém das expectativas. Apesar das frequentes notícias das iniciativas

---

[1] Para uma breve descrição do ministério público em Portugal, ver Dias, Fernando e Lima, 2008.

exitosas de muitos membros do ministério público brasileiro, relativas sobretudo à protecção de direitos colectivos e difusos, aponta-se para a necessidade de uma maior democratização da instituição. Veja-se, por exemplo, a actuação repressiva de alguns dos seus membros no que toca à criminalização da pobreza e dos movimentos sociais, muitas vezes extrapolando as suas atribuições no controlo da legalidade[2]. O imperativo de democratização das instituições jurídicas implica outro tipo de relacionamento, não só com os outros componentes do sistema judicial, como o legislativo e com o executivo, mas também com a sociedade em geral e com as suas organizações, nomeadamente com grupos de cidadãos, movimentos sociais e entidades não-governamentais dedicados a temas relacionados com sua área de actuação: direitos humanos, meio ambiente, direitos dos consumidores, defesa da criança e do adolescente, da pessoa com deficiência, direitos colectivos e difusos, entre outros.

Há muitas iniciativas meritórias que infelizmente são pouco conhecidas, não só no estrangeiro, como também no próprio Brasil. No novo marco institucional brasileiro salientam-se a experiência da justiça itinerante[3], da justiça comunitária, dos meios alternati-

---

[2] Ver mais abaixo tópico acerca da relação dos tribunais e os movimentos sociais e a contra-revolução jurídica.

[3] A história da justiça itinerante nos tribunais brasileiros está associada a experiências isoladas de tribunais de justiça estaduais que encontravam dificuldades em estender fisicamente a jurisdição em toda a extensão do seu território. Nesse sentido, merecem destaque as experiências de criação da justiça itinerante fluvial em tribunais situados em estados como o Amazonas e o Amapá, onde barcos são utilizados para atender as populações nas margens dos rios. Com a reforma constitucional do judiciário, a justiça itinerante passa de experiências isoladas dos tribunais estaduais a uma exigência constitucional no âmbito da justiça dos estados, justiça federal e justiça do trabalho, o que é uma prova do êxito da iniciativa. A ideia de ampliar o lastro de alcance da actividade jurisdicional itinerante assenta nos objectivos de garantia do acesso à justiça, eficiência e aproximação do judiciário à comunidade.

vos de resolução de litígios, da mediação, da conciliação judicial e extra-judicial, da justiça restaurativa e dos juizados especiais.

No âmbito do sistema de justiça administrativo, é um exemplo notável o projecto *Caravanas da Anistia*, implementado desde 2008 pela Comissão de Anistia do Ministério da Justiça brasileiro. O projecto constitui-se em espaço de efectivação de políticas de memória e reparação por meio da realização de sessões públicas itinerantes de apreciação de requerimentos de amnistia política de ex-perseguidos políticos em diferentes localidades do Brasil. As caravanas da amnistia têm contribuído para a ampliação e o fortalecimento do acesso à justiça na medida em que se constituem instrumento de aproximação e diálogo entre os espaços jurisdicionais e a sociedade civil, incrementando a qualidade do processo administrativo.

A construção de uma justiça informal e próxima: os casos dos juizados especiais e dos julgados de paz
Uma das faces das deficiências de desempenho dos tribunais emerge na proposta de meios alternativos de resolução de conflitos como investimento na universalização do acesso à justiça, na redução de custos e na busca de celeridade e proximidade. Assim, seja com o objectivo de garantir a resolução rápida e mais económica dos litígios através da pluralização das estruturas de justiça, seja com o objectivo de inaugurar um outro marco de resolução de conflitos sustentado na proximidade, simplificação e pacificação social, muitos países têm apostado no incremento de alternativas de informalização, desjudicialização e de desprofissionalização da justiça. Neste âmbito, são exemplares a instituição dos juizados especiais, no Brasil, e dos julgados de paz, em Portugal.

Juizados especiais
Entre as alternativas experimentadas no judiciário brasileiro para dar conta do problema da morosidade, desafogar o sistema judicial

e atender as causas de menor valor que estavam excluídas da apreciação judicial devido ao valor das custas, das despesas processuais e dos honorários advocatícios[4] está a criação dos chamados "juizados de pequenas causas" pela Lei nº 7.244/1984, de 7 de Novembro. Em 1988, a constituição reconheceu o sucesso desses juizados passando a denominá-los juizados especiais. Inicialmente foram criados no âmbito da justiça estadual, posteriormente, alargados ao âmbito federal e, recentemente, estendidos a causas que envolvam interesses das fazendas públicas dos estados, do Distrito Federal, dos territórios e dos municípios. O processo nos juizados especiais valoriza os critérios auto composição, da equidade, da oralidade, da economia processual, da informalidade, da simplicidade e da celeridade.

Os juizados especiais estaduais, primeiramente criados e disciplinados pela Lei nº 9.099/1995, de 05 de Outubro, são competentes para decidir causas de menor complexidade definidas em virtude do valor (até 40 salários mínimos) ou da matéria[5]. Posteriormente, a Lei nº 10.259/2001, de 07 de Dezembro, criou os juizados especiais federais com competência para causas com valor até 60 salários mínimos[6].

---

[4] Esta secção deve muito à investigação de A. Bochneck. Ver Bochenek, 2004. A sua dissertação de doutoramento que tive o gosto de orientar intitula-se "A interacção entre Tribunais e Democracia por meio do Acesso aos Direitos e à Justiça – Análise das experiências dos Juizados Especiais Federais brasileiros" e foi publicada pelo Conselho da Justiça Federal em 2014.

[5] Acções relacionadas no art. 275 do Código de Processo Civil brasileiro e acções de despejo.

[6] A Lei nº 9.099/1995, de 05 de Outubro, e a Lei nº 10.259/2001, de 07 de Dezembro, trouxeram diversas inovações, a saber: possibilidade de gravação dos actos processuais, maior utilização de meios electrónicos e informáticos, simplificação e informalização do processo judicial; inexistência condenação no primeiro grau (custas e honorários), salvo comprovada má-fé, turmas recursais compostas de juízes de primeiro grau.

Os juizados especiais estão organizados da seguinte forma: Juizados Especiais Cíveis e Juizados Especiais Criminais. Ambos são compostos por juízes de direito, juízes leigos[7], conciliadores e servidores que trabalham na secretaria do juízo: escrivães, escreventes, oficiais de justiça, contadores e demais auxiliares. Os juizados são competentes para conciliar e julgar. É obrigatório que uma audiência de conciliação preceda sempre a instrução e o julgamento[8]. O objectivo é, antes de tudo, buscar a conciliação. Havendo julgamento, procura-se ultrapassar o sistema processual clássico e valorizar a utilização da oralidade, simplicidade e informalidade nos actos processuais (petição inicial, contestação, alegações finais)[9].

O juizado especial federal distingue-se pelo tipo de causas para as quais tem competência, causas que envolvam a União ou órgão público federal. A maior parte das questões é de natureza previdenciária e de assistência social, as demandas sobre imposto de renda, Sistema Financeiro da Habitação e fornecimento de remédios

---

[7] Colocado em prática apenas no estado do Rio Grande do Sul. Ver Cunha, 2007.
[8] Na prática judiciária do juizado especial federal, a audiência de conciliação, geralmente, não é designada nas causas que versam apenas sobre matéria de direito isso porque não há factos para serem discutidos e o réu rotineiramente não propõe a conciliação na acção. Assim, para cumprir o requisito legal, os juízes, no despacho de citação, já intimam os réus para apresentarem proposta de conciliação e a audiência é designada somente se o réu informar que tem proposta de conciliação.
[9] Nas causas cujo valor é igual ou inferior a vinte salários mínimos a parte pode dirigir-se pessoalmente à secretaria do juizado e formular seu pedido por escrito ou oralmente. É necessária a presença de advogados ou defensores públicos apenas para causas superiores a 20 salário mínimos. Se uma das partes comparecer à audiência acompanhada de advogado, cabe ao juiz nomear e o Estado arcar com ónus do defensor para acompanhar a outra parte. Os juizados especiais criminais são competentes para julgar os crimes de menor potencial ofensivo (aqueles cuja pena máxima não exceda a dois anos ou multa), uma novidade nesses órgãos é a possibilidade de composição do dano e da transacção penal. (Azevedo, 2001).

apresentam também grande incidência[10]. Uma inovação processual dos juizados especiais é a possibilidade de a parte receber o crédito contra a Fazenda Pública por via de requisição de pagamento (procedimento mais simplificado e rápido de pagamento de créditos devidos pelos órgãos públicos) sem a necessidade de aguardar a execução do precatório. Tratando-se de obrigação de pagar quantia certa, após o trânsito em julgado da decisão, o pagamento será efectuado no prazo de sessenta dias, contados da entrega da requisição, por ordem do Juiz, à autoridade citada para a causa, na agência mais próxima da Caixa Económica Federal ou do Banco do Brasil, independentemente de precatório.

Os juizados especiais têm sido reconhecidos como solução, dentro da estrutura do judiciário, de celeridade para a solução das contendas e de aproximação da decisão judicial dos cidadãos permitindo a conciliação, a transacção, a desistência de recursos e extinguindo o reexame necessário. Nas cinco regiões da Justiça Federal, os juizados receberam, em 2008, mais de 1,2 milhão de casos novos. Enquanto isso, a primeira instância da justiça federal recebeu 617.397 mil novos processos. Mesmo com uma carga maior de trabalho, os juizados especiais federais deixaram menos processos sem julgamento. Em 2008, a taxa de congestionamento na justiça federal foi de 76,1% da justiça comum contra 47,3% dos juizados especiais[11].

---

[10] Durante algum período de tempo foram também volumosas as demandas sobre Fundo de Garantia por Tempo de Serviço, mas esse número tem decrescido sobretudo porque o governo brasileiro tem resolvido a questão por meio de acordos administrativos.

[11] Revista Consultor Jurídico, notícia publicada em 21 de Julho de 2006, "Judiciário que funciona: JEFs comemoram cinco anos como modelo de justiça". Ver Justiça em números, dados da série histórica da justiça federal, de 2004 a 2008 (http://www.cnj.jus.br/index.php?option=com_content&view=article&id=7731&Itemid=944, acedido em 28 de Dezembro de 2010).

Na análise dos juizados especiais brasileiros, um dos principais problemas apontados é a existência de uma distorção no tratamento dos juizados no interior dos tribunais, quando comparado com o tratamento dispensado à justiça comum. De facto, quando analisamos a parte do orçamento da justiça afectada aos juizados especiais e a comparamos com a que é atribuída à justiça comum, podemos chegar à conclusão de que os juizados especiais estão a ser vítimas de uma enorme injustiça orçamental. Assim, por exemplo, em 2004, os juizados especiais atenderam quase o dobro da demanda da Justiça Federal e receberam apenas entre 10% a 20% dos recursos a ela destinados. Assiste-se aos mesmos problemas nos juizados especiais estaduais; as instalações são precárias e o número de juízes e magistrados é insuficiente. Em 2008, na justiça estadual, enquanto a primeira instância contava com 8603 juízes, os juizados especiais dispunham de 906 juízes. No mesmo ano, enquanto um magistrado do juízo comum recebeu 1424 novos processos por ano, em média, cada juiz de juizado especial recebeu 4627 novas acções[12].

Por essa razão, o estudo sobre juizados especiais cíveis publicado pelo Ministério da Justiça brasileiro recomenda uma avaliação completa das deficiências de infra-estrutura e material dos juizados e um investimento corajoso para sua melhoria, com atenção para a formação dos juízes. O estudo também avalia a importância de os juizados contarem com juízes exclusivos. A organização adequada do juizado depende muito do perfil do juiz encarregado sendo ideal que, ao menos nos juizados das comarcas mais importantes, exista sempre um juiz exclusivo, com formação adequada e comprometido com o perfil e as finalidades do juizado[13].

---

[12] Ver Justiça em números, dados da série histórica da justiça estadual, de 2004 a 2008 (http://www.cnj.jus.br/index.php?option=com_content&view=article&id= 7731&Itemid=944, acedido em 28 de Dezembro de 2010).

[13] Ver Juizados especiais cíveis: estudo, Secretaria da Reforma do Judiciário, 2006.

Se é verdade que os juizados especiais têm um papel fundamental na construção de uma justiça de proximidade, também deve ser dito que o seu desempenho deve ser melhorado. Por exemplo, estudos recentes revelam que há poucos acordos nos juizados especiais e que a presença do advogado, quando ocorre, torna as coisas ainda mais difíceis[14]. Neste caso, deve-se ter em atenção para o potencial conflito entre dois padrões de socialização profissional distintos: a filosofia idealizada lei dos juizados e a formação profissional adversarial das profissões jurídicas. Este e outros problemas como o excesso de demanda e os bloqueios provocados pelo processo de execução, que, depois de identificados, podem ser facilmente resolvidos, não comprometem em nada o enorme potencial dos juizados especiais para a democratização da justiça[15].

Julgados de Paz[16]
Na Revisão Constitucional de 1997 em Portugal, os julgados de paz foram incorporados no texto da constituição. Tendo por origem a iniciativa parlamentar do Partido Comunista, responsável pela apresentação dos projectos de lei que deram lugar à Lei-Quadro dos julgados de paz (Lei nº 78/2001, de 13 de Julho, alterada pela Lei nº 54/2013 de 31 de Julho – que alargou a sua competência),

---

[14] Ver Juizados especiais cíveis: estudo do Ministério da Justiça Brasil, 2006. De acordo com as conclusões desse estudo: 1) é baixo o percentual de acordo nos juizados, 34,5%; e 2) a presença do juiz não é um factor decisivo para a celebração de acordos, nas audiências de instrução e julgamento, o índice de acordos é de 20,9%. Sustenta-se ainda que a probabilidade de realização de acordos diminui quando o reclamante vai à audiência com advogado.

[15] É de se destacar a iniciativa do CNJ em firmar o Pacto Social pela Reforma dos Juizados Especiais bem como em encaminhar uma série de determinações aos cinco tribunais regionais federais com o objectivo de melhorar o atendimento e dar mais agilidade ao andamento dos processos do juizado especial federal.

[16] Este sub-tópico segue de perto o diagnóstico realizado pelo Observatório Permanente da Justiça Portuguesa sobre o funcionamento dos julgados de paz em Portugal, ver Santos e Gomes (coords.), 2009b.

o objectivo de criação dos julgados vai para além da diminuição da pendência processual e descongestionamento dos tribunais, fomentando a justa composição dos litígios, a participação dos interessados, a proximidade e a simplificação de procedimentos[17]. De acordo com a lei-quadro dos julgados de paz, estes são criados por diploma do Governo, ouvidos o Conselho Superior da Magistratura, a Ordem dos Advogados e a Associação Nacional de Municípios Portugueses, e a sua instalação é feita através de portaria do Ministério da Justiça. Os julgados podem ser concelhios ou de agrupamentos de concelhos; têm sede no concelho para que são exclusivamente criados, ou, no caso de agrupamentos de concelhos, ficam sediados no concelho designado no diploma de criação. A sua competência é exclusiva para acções declarativas e para questões cujo valor não exceda 15,000,00 Euros. A manutenção, controlo e supervisão das actividades dos julgados é repartida entre poder central (Ministério da Justiça) e o poder local (câmaras municipais). As câmaras suportam os custos materiais dos julgados bem como os custos de pessoal, no que toca aos funcionários deste órgão. Os custos com os juízes de paz ficam a cargo do Ministério da Justiça que partilha as competências de governação destes juízes com o Conselho dos Julgados de Paz[18].

A lei ainda indica o conjunto de matérias de competência dos julgados de paz. São elas: a) acções destinadas a efectivar o cumpri-

---

[17] Pedroso, João *et al.*, 2001.

[18] O Conselho dos Julgados de Paz que funciona na dependência da Assembleia da República, com mandato de Legislatura, e tem, entre outras, competência: para nomear os juízes de paz; exercer sobre os juízes de paz o poder disciplinar (lato sensu); acompanhar a criação e instalação e funcionamento dos julgados de paz; e apresentar relatório anual de avaliação à Assembleia da República até 30 de Abril de cada ano, formulando, sugestões de alteração do presente diploma e outras recomendações que devam ser tidas em conta, designadamente, pelo Governo ou pela Assembleia da República, no desenvolvimento do projecto (http://www.conselhodosjulgadosdepaz.mj.pt/index.asp?id=Conselho&sub_id=Competencia).

mento de obrigações, com excepção das que tenham por objecto prestação pecuniária e digam respeito a um contrato de adesão; b) acções de entrega de coisas móveis; c) acções resultantes de direitos e deveres de condóminos, sempre que a respectiva assembleia não tenha deliberado sobre a obrigatoriedade de compromisso arbitral para a resolução de litígios entre condóminos ou entre condóminos e o administrador; d) acções de resolução de litígios entre proprietários de prédios relativos a passagem forçada momentânea, escoamento natural de águas, obras defensivas das águas, comunhão de valas, regueiras e valados, sebes vivas; abertura de janelas, portas, varandas e obras semelhantes; estilicídio, plantação de árvores e arbustos, paredes e muros divisórios; e) acções de reinvindicação, acções possessórias, usucapião, acessão e divisão de coisa comum; f) acções que respeitem ao direito de uso e administração da compropriedade, da superfície, do usufruto, de uso e habitação e ao direito real de habitação periódica; g) acções que digam respeito ao arrendamento urbano, excepto as acções de despejo; h) acções que respeitem à responsabilidade civil contratual e extracontratual; i) Acções que respeitem a incumprimento contratual, excepto contrato de trabalho e arrendamento rural; e j) acções que respeitem à garantia geral das obrigações[19]. Garante-se ainda a recorribilidade das decisões que excedam metade do valor da alçada do tribunal de 1.ª instância através de recurso a interpor para a secção do tribunal da comarca em que esteja sediado o julgado de paz.

A consagração no nosso ordenamento jurídico dos julgados de paz foi acompanhada de um vivo debate centrado, sobretudo, na

---

[19] Os julgados de paz são também competentes para apreciar os pedidos de indemnização cível, quando não haja sido apresentada participação criminal ou após desistência da mesma, emergentes de: a) ofensas corporais simples; b) ofensa à integridade física por negligência; c) difamação; d) injúrias; e) furto simples; f) dano simples; g) alteração de marcos; e h) burla para obtenção de alimentos, bebidas ou serviços.

discussão acerca da estrutura de funcionamento e de controlo mais adequadas, nas competências, na relação com os tribunais judiciais, no papel da mediação e no estatuto das carreiras profissionais, entre outros. Estas questões mantêm-se no centro do debate, muitas delas consideradas como obstáculos ao seu bom funcionamento e plena implementação destes órgãos.

Considera-se, por exemplo, que a criação dos julgados através de parcerias público-público, entre o poder central e as autarquias, pode suscitar constrangimentos na manutenção do julgado, uma vez que as autarquias suportam os encargos com recursos humanos (com excepção dos juízes) e materiais sem retirar qualquer contrapartida económica[20]. Um outro aspecto prende-se com a regra da recorribilidade das decisões dos julgados de paz para os tribunais judiciais. A irrecorribilidade das decisões em que o valor das causas é diminuto também suscita alguma controvérsia. Por um lado, se a irrecorribilidade pode representar um desvirtuamento do objectivo de ampliação do acesso à justiça, a recorribilidade para uma instituição exterior ao julgado pode ter repercussões negativas na construção de um micro sistema com uma cultura jurídica e organizacional própria, bem como para sua imagem institucional enquanto entidade autónoma.

Se é certo que a evolução da justiça de paz em Portugal tem conhecido um acentuado crescimento, sobretudo devido ao aumento de determinados tipos de acções nos centros urbanos (como é o caso das dívidas de condomínios), não é menos verdade que a penetração deste modelo de justiça em outras áreas fica aquém das expectativas e das suas potencialidades. Acresce que a sua legitimação social e o seu poder simbólico requerem maior afirmação de modo a que os cidadãos o vejam como uma sólida alternativa face aos tribunais judiciais. Diferentes propostas têm

---

[20] Ver, por exemplo, Odete Santos, Jornal Comunicar. "Julgados de Paz: dúvidas e desilusões". (Novembro de 2001).

sido avançadas em sentido favorável à densificação deste modelo de justiça: ampliação de competências, competência exclusiva, execução das próprias decisões, entre outras. Qualquer debate sobre a expansão e consolidação da justiça de paz deve primeiramente responder a alguns desafios que se lhe colocam.

Um dos desafios coloca-se ao debate sobre como aperfeiçoar o actual modelo institucional dos julgados de paz: aumento da interacção e do diálogo entre as diferentes instituições, revisão dos protocolos entre o poder central e as autarquias ou assunção pelo poder central das responsabilidades decorrentes da manutenção dos julgados de paz e dos seus funcionários. Noutra dimensão, a consolidação, a autonomia e a independência das carreiras profissionais tem especial centralidade no debate sobre a justiça de paz. Dado que a filosofia subjacente aos julgados de paz não se compadece com o actual modelo de socialização das profissões jurídicas no âmbito da justiça formal, o grande desafio que a justiça de paz tem que enfrentar é o de saber qual a via e quais as condições para a afirmação de uma profissão jurídica de proximidade.

O fortalecimento da autonomia desta justiça e da sua legitimação social também implica a discussão sobre as condições de ampliação das suas competências e da sua relação com os tribunais judiciais, designadamente, sobre as vantagens e inconvenientes da obrigatoriedade da jurisdição e da criação de um sistema de resolução de conflitos autónomo com previsão de uma instância própria de recurso, como se vê nos casos dos juizados especiais.

As reformas de organização e gestão dos tribunais[21]
As reformas de organização e gestão da administração da justiça constituem, hoje, uma das principais apostas das agendas de

---

[21] Esta secção deve muito ao trabalho de investigação de Conceição Gomes, Directora executiva do Observatório Permanente da Justiça do Centro de Estudos Sociais. A sua dissertação de doutoramento faz uma análise exaustiva deste tema.

reforma da justiça em muitos países. No seu lastro está a ideia de que o défice de organização, gestão e planeamento do sistema de justiça é responsável por grande parte da ineficiência e ineficácia do seu desempenho funcional e de muitos desperdícios. No âmbito das medidas de carácter organizacional, destaco inicialmente as reformas que visam a redefinição dos territórios da justiça e da estrutura da organização judiciária. Esta é, aliás, uma reforma em curso em Portugal[22], na qual o Observatório Permanente da Justiça Portuguesa tem estado profundamente envolvido, tendo apresentado uma proposta concreta de um novo modelo de reorganização da justiça.

As inovações que a nossa proposta incorpora visam a reestruturação do sistema de justiça procurando adequá-lo às dinâmicas socioeconómicas e demográficas do território e ao movimento processual existente. Mas, têm, sobretudo, como objectivo central uma melhor qualidade, eficiência e eficácia e maior acessibilidade do sistema de justiça, fomentando o recentramento das funções dos tribunais nos litígios de alta intensidade, na resposta à grande criminalidade e na promoção e defesa dos direitos dos cidadãos. Neste sentido, propomos, designadamente, a extensão a todo o país de uma justiça especializada para determinadas matérias; uma organização judiciária que trate separadamente os litígios, não permitindo, por exemplo, que um juiz julgue de manhã uma

---

[22] A nova Lei de Organização e Funcionamento dos Tribunais Judiciais foi aprovada pela Lei nº 52/2008, de 28 de Agosto. A reforma iniciou-se com a criação de três comarcas-piloto: a Comarca do Alentejo Litoral, a Comarca do Baixo Vouga e a Comarca de Grande Lisboa-Noroeste. Esta lei previa um alargamento progressivo a todo o território nacional do novo mapa judiciário. O actual Governo introduziu alterações significativas àquela reforma, pela Lei de 23 de Agosto de 2013, de que se destaca uma maior concentração dos tribunais e o alargamento da reforma, em simultâneo, a todo o território nacional, anulando, assim, a possibilidade de um alargamento em melhores condições, sustentado na experimentação, avaliação e alargamento progressivo.

acção de insolvência e à tarde uma regulação das responsabilidades parentais; e a criação de um sistema de justiça itinerante e de uma rede de serviços de justiça multifacetada com pessoal altamente qualificado, que integra tribunais e outras unidades polivalentes, ligados em rede[23].

É ainda essencial a adopção de medidas que visem, designadamente, a alteração de métodos de trabalho, uma nova organização interna dos tribunais, maior eficácia na gestão de recursos humanos e materiais e de fluxos processuais e uma melhor articulação dos tribunais com outros serviços complementares da justiça. Para o caso português propusemos, no âmbito do Observatório Permanente da Justiça Portuguesa, medidas concretas susceptíveis de eliminar o défice de organização, gestão e planeamento do sistema de justiça, quer a nível central, quer a nível de cada tribunal[24].

Em Portugal, a governação dos tribunais está centralizada num modelo de competências bicéfalo, repartido entre o Ministério da Justiça e os conselhos superiores da magistratura e do ministério público. Por um lado, ao Ministério da Justiça cabe a competência pela centralização da gestão financeira, do património, das tecnologias e da informação da justiça, do planeamento e da gestão estratégica da política de justiça. Por outro lado, a gestão das carreiras, do controlo e disciplina dos magistrados é exercida pelos conselhos superiores da magistratura e do Mnistério Público.

A nova lei de organização judiciária[25] reconfigurou o modelo de gestão dos tribunais, potenciando uma gestão próxima, que

---

[23] Ver Santos e Gomes (coords.), 2007a e 2007b.
[24] Sobre esta matéria, ver os relatórios do Observatório Permanente da Justiça Portuguesa *Como gerir os tribunais? Análise comparada de modelos de gestão e organização dos tribunais*, 2006; *A Administração e Gestão da Justiça: Análise comparada das tendências de reforma*, 2001; e *Para uma agenda da reforma da justiça*, 2005 (coord. Santos e Gomes).
[25] O modelo de gestão inaugurado pela nova lei de organização judiciária foi analisado pelo Observatório Permanente da Justiça Portuguesa, ver Santos e Gomes (coords.), 2010c.

tem como ponto de partida o tribunal. A principal mudança dá-se com a reconfiguração do perfil profissional do juiz presidente do tribunal, bem como com o fortalecimento de outra figura de gestão local – o administrador judiciário. Esta reforma, ao redimensionar o perfil funcional do presidente do tribunal e ao criar uma nova figura (o administrador judiciário), constrói o que se poderá designar de estrutura nuclear da gestão local do tribunal. O juiz presidente assume não só competências de representação e direcção do tribunal, mas também responsabilidades ao nível da gestão dos funcionários judiciais, da gestão processual, da execução dos objectivos definidos para o tribunal, da gestão do desempenho organizacional, do planeamento de necessidades e actividades.

O perfil funcional do administrador judiciário, por sua vez, concentra-se na gestão dos espaços, segurança, condições de acessibilidade das instalações do tribunal, manutenção, conservação e racionalização da utilização dos equipamentos. Com as alterações de 2013, as competências próprias do administrador judiciário foram alargadas, em especial, no que respeita à execução orçamental. Para além destas competências próprias, pode ainda exercer as que lhe forem delegadas pelo Ministério da Justiça ou pelo juiz presidente.

As novas competências do juiz presidente e do administrador judiciário, que a reforma de 2008 previa, tinham a vantagem de permitir uma maior desconcentração dos poderes de organização, supervisão e direcção das actividades dos tribunais, dando-se, assim, passos decisivos na direcção de uma gestão integrada e de maior proximidade. A actual reforma ao ampliar as competências centrais do Ministério da Justiça, designadamente em matéria de orçamento, veio restringir o campo da actuação a nível local. Acresce que a concretização dos vários vectores da reforma no que respeita à vertente gestionária revela a necessidade de aprofundar a articulação institucional de uma complexa rede de divisão de competências entre órgãos centrais executivos, órgãos de gestão da carreira judicial e as competências locais de gestão do tribunal. O êxito do novo modelo de gestão e administração dos tribunais depende, assim, da realização plena e eficiente de um princípio de cooperação entre os diferentes órgãos. Por exemplo, as competências previstas para o juiz presidente no âmbito da execução de objectivos e da avaliação do desempenho funcional do tribunal e da qualidade do serviço prestado aos cidadãos estão sujeitas a uma certa limitação, uma vez que não são acompanhadas de competências efectivas no que respeita à gestão sobre os funcionários da justiça.

A despeito da previsão de competências de administração e gestão no âmbito dos tribunais, a autonomia é altamente limitada. As competências do presidente do tribunal de comarca, que já eram residuais, foram ainda mais restringidas com a última alteração legal, designadamente em matéria orçamental, centralizada no Ministério da Justiça, o que impede uma gestão verdadeiramente coerente e de proximidade ao nível do tribunal. No mesmo sentido, as competências relativas à administração do património e das instalações dos tribunais são complementares face aos órgãos centrais. Este contexto é susceptível à falta de correspondência entre as necessidades de equipamentos e de instalações ao nível do tribunal e as decisões centrais de planeamento das necessidades e gestão das infra-estruturas dos serviços da justiça. No mesmo sentido, a divisão de competências no que diz respeito à gestão da informação evidencia a desarticulação entre as necessidades dos tribunais, nomeadamente formação e acesso a elementos de informação úteis para a gestão do tribunal, e as decisões estratégicas dos órgãos centrais de planeamento das actividades formativas e adequação dos sistemas de informação.

Com base na experiência portuguesa, podem ser apontados pelo menos três vectores estratégicos para o sucesso da implantação de reformas na administração e gestão dos tribunais.

Articulação institucional

A transposição de competências administrativas e de gestão do poder executivo para o judiciário depende da consolidação do princípio de gestão integrada. Isto é, realização plena da cooperação entre os órgãos locais e centrais. Como se vê com o exemplo português, em diferentes domínios (gestão dos funcionários da justiça, gestão financeira, gestão do património e das infra-estruturas), a concretização da reforma da organização judiciária encontrou bloqueios e dificuldades de articulação várias.

Independentemente da opção ou não pela autonomia administrativa e financeira integral dos tribunais, é necessário reflectir-se sobre a criação de mecanismos eficientes de concertação e coordenação que reúna os diferentes órgãos do estado, representantes da sociedade civil e das carreiras judiciais.

Consolidação dos perfis profissionais

A criação e densificação de competências de administração e gestão exigem uma atenção especial ao perfil, formação e capacitação dos vários intervenientes com funções de direcção e coordenação nos tribunais. Por outro lado, a atribuição de competências em matéria organização e gestão ao nível dos tribunais é despropositada se não for acompanhada de um suporte organizacional.

O tribunal como laboratório de gestão

A grande potencialidade de previsão de competências de gestão nos tribunais reside na possibilidade de avaliação próxima e permanente da adequação e pertinência da organização interna e dos métodos de trabalho vigentes, permitindo igualmente a proposição de alternativas de reorganização e a fixação de objectivos e metas a cumprir compatíveis com a realidade de funcionamento dos tribunais.

Daí a importância de as competências de gestão do tribunal investirem na experimentação de propostas de mudança organizacionais e nos métodos de trabalho, devidamente orientadas, de forma identificar boas práticas que sirvam de referência. Tal experimentação deve ser sustentada a partir de certas variáveis (dispersão territorial dos juízos, volume e natureza da procura, recursos humanos disponíveis, etc.), bem como deve atender aos estudos existentes e ao conhecimento empírico do funcionamento quotidiano dos serviços, da divisão de tarefas e dos processos de trabalho.

O debate acerca da adopção de inovações institucionais no âmbito das reformas da justiça e de distribuição dos direitos não escapa à discussão mais ampla sobre a metamorfose institucional do Estado neste período de transição paradigmática. Em diferentes escalas, o papel do Estado na regulação social têm estado sob fogo cruzado. Quer na escala global, através das pressões do capitalismo transnacionalizado, quer na escala nacional ou local, através da disputa entre os diversos grupos de interesse e das demandas sociais por reconhecimento e redistribuição, a materialidade institucional do Estado tem sofrido abalos estruturais. Esta instabilidade institucional aponta para a transformação do Estado num campo de experimentação política[26]. Esta nova forma de um possível Estado democrático deve assentar em dois princípios. O primeiro é a garantia de que as diferentes soluções institucionais intraculturais ou mesmo interculturais desfrutaram de iguais condições para se desenvolverem segundo a sua lógica própria. Ou seja, garantia de igualdade de oportunidades às diferentes propostas de institucionalidade democrática. Por outro lado, deve-se, não só garantir a igualdade de oportunidades aos diferentes projectos de institucionalidade democrática, mas deve também – e é este o segundo

---

[26] Ver Santos 2006a: 317-349. No Brasil, um caso notável e bem-sucedido de institucionalidade experimental através do uso popular do sistema jurídico oficial e de uma reconstrução participativa dos princípios de direito financeiro foi o do Orçamento Participativo em Porto Alegre, cuja implementação inicial data ainda do final dos anos de 1980. Ver Santos, 2005c.

princípio de experimentação política – garantir padrões mínimos de inclusão, que tornem possível a cidadania activa necessária a monitorar, acompanhar e avaliar os projectos alternativos. Estes padrões mínimos de inclusão são indispensáveis para transformar a instabilidade institucional em campo de deliberação democrática. Surge com força uma faceta do Estado que estará ainda por definir, o Estado-articulador. Ao contrário do Estado moderno, que sob a veste do interesse geral, assegura o interesse de grupos determinados, a transparência da tarefa de coordenação entre os diferentes interesses, tanto interesses nacionais, como interesses globais ou transnacionais, revela a qualidade do compromisso do Estado com os objectivos de justiça social, ou seja, com os critérios de redistribuição (contra a desigualdade) e de reconhecimento (contra a discriminação) e, portanto, com os critérios de inclusão e de exclusão.

CAPÍTULO 4
REFUNDAR O ENSINO DO DIREITO E A FORMAÇÃO PROFISSIONAL

O ensino do direito e a formação profissional
Passo a referir outra grande transformação do judiciário com vista a levar a bom termo a revolução democrática da justiça: o ensino do direito e a formação. A legitimidade do poder judicial e as garantias de independência e de autonomia das magistraturas judicial e do Ministério Público jogam-se, num primeiro plano, no seu recrutamento e formação. Estes vectores são progressivamente visitados por diversos estudos sociojurídicos, que os analisam em duas vertentes, que, embora distintas, são indissociáveis: por um lado, a preocupação da construção de um corpo profissional heterogéneo que surja como um espelho da diversidade de conhecimento e da própria diversidade da sociedade, capaz de acompanhar e impulsionar a transformação do sistema judicial (Santos e Gomes (coords), 2001b; Santos (coord), 2006b; Nelken, 2004); por outro, a garantia da independência das magistraturas face ao poder político e a concomitante necessidade de assegurar a construção de um corpo profissional emancipado e autoreflexivo, cujos mecanismos de consolidação de conhecimento não se resumam à mera reprodução da aprendizagem empírica feita durante o período de estágio (Épineuse: 2008; Lúcio, 2000; Carmo, 2001).

Ao longo deste livro tenho vindo a argumentar que as funções que o sistema judicial está a ser chamado a desempenhar e o contexto social, político e cultural em que os vai desempenhar estão em transformação. A despolitização da regulação social, o aumento das desigualdades sociais, a globalização das sociedades são realidades que criam um novo contexto a exigir novas funções à prática jurídica. É, por isso, que o ensino do direito e a formação, e muito especialmente a formação permanente, assume uma importância central, não só no aumento da eficácia do sistema judicial como, fundamentalmente, na sua transformação.

O principal desafio que se coloca neste contexto é que todo o sistema de justiça, incluindo o sistema de ensino e formação, não foi criado para responder a um novo tipo de sociedade e a um novo tipo de funções. O sistema foi criado, não para um processo de inovação, de ruptura, mas para um processo de continuidade e quando muito, para fazer melhor o que sempre tinha feito[1].

Estou convencido que, para a concretização do projecto político-jurídico de refundação democrática da justiça, é necessário mudar completamente a o ensino e a formação de todos os operadores de direito: funcionários, membros do ministério público, defensores públicos, juízes e advogados. É necessária uma revolução, uma revoluçãoo que será também epistemológica que permita passar da monocultura da ciência jurídica para uma ecologia de saberes jurídicos.[2]

Em relação aos profissionais, distingue-se entre a formação inicial e a formação permanente. Muitas vezes descurada no passado, a formação permanente assume hoje um papel fundamental, não só para actualização de conhecimentos, mas como instrumento de aplicação eficaz de reformas legais em curso. O pressuposto é que se não houver uma formação específica, a lei obviamente não será bem aplicada.

No âmbito do Observatório Permanente da Justiça Portuguesa, além dos estudos que tiveram por objecto imediato precisamente a formação de magistrados, a necessidade de mais formação e de uma formação diferenciada foi reiteradamente reivindicada. Nestes estudos, a urgência de uma formação diferenciada é sentida, essencialmente, em três dimensões distintas: (1) na relação

---

[1] Ver Santos, 2000a.
[2] Sobre o conceito de ecologia de saberes ver Santos, 2006a:127-154.

directa entre formação especializada e colocação de magistrados; (2) na área da gestão e métodos de trabalho; e (3) na preparação das reformas legais.

A necessidade de adopção de políticas de colocação de magistrados judiciais e do Ministério Público nos juízos especializados de acordo com a sua própria formação especializada é repetidamente invocada em diversos estudos, com especial atenção nas áreas relacionadas com a infância e juventude. Veja-se, a título de exemplo, em 2010, o estudo *Entre a lei e a prática – subsídios para uma reforma da Lei Tutelar Educativa*, no âmbito do qual se reforça a ideia da necessidade de se investir na formação especializada dos magistrados judiciais a exercer funções nos tribunais ou nos juízos de família e menores, com programas de formação em direito tutelar educativo, sociologia, psicologia, direitos humanos, etc., por forma a contactarem com perspectivas que permitam compreender o conflito enquanto fenómeno social e os potenciais impactos e consequências das decisões proferidas[3]. Por seu turno, as carências de formação na área da gestão e métodos de trabalho são crescentemente sentidas e reportadas em vários estudos do Observatório Permanente da Justiça, constituindo um dos bloqueios organizacionais mais perniciosos na eficiência da administração da justiça. A exigência de investimento nesta área é exponenciada pelas alterações na organização judiciária em curso[4].

Por último, os estudos têm ainda demonstrado a ausência de uma coordenação adequada entre a entrada em vigor das reformas legais e a formação dos vários operadores judiciários nessas matérias. As constantes alterações legislativas e os curtos períodos de *vacatio legis* são parcialmente responsáveis por essa situação. A título de exemplo, veja-se o os resultados do projecto de investigação *A Justiça Penal – uma reforma em avali*ação, no qual mais uma

---

[3] Ver Santos e Gomes (coords), 2010a.
[4] Ver Santos e Gomes (coords), 2010c.

vez se apontou a falta de formação dos operadores judiciários (não só dos magistrados) como um bloqueio à aplicação mais eficiente da reforma penal e à eficiência e qualidade do sistema e justiça penal[5], ou ainda do projecto de investigação *A Acção Executiva em Avaliação – uma proposta de reforma,* no qual se defendia a criação de um plano de formação e de divulgação das alterações legislativas, como via essencial, não só para a eficácia dos procedimentos, mas também para evitar procedimentos muito heterogéneos, alguns dentro do mesmo tribunal e os efeitos perversos que daí decorrem, bem como para ajudar a compreender os objectivos da reforma, mudando práticas e rotinas instaladas[6].

Temos que formar os profissionais para a complexidade, para os novos desafios, para os novos riscos. As novas gerações vão viver numa sociedade que, como eu dizia, combina uma aspiração democrática muito forte com uma consciência da desigualdade social bastante sólida. E, mais do que isso, uma consciência complexa, feita da dupla aspiração de igualdade e de respeito da diferença.

O relatório do projecto "Sistema Judicial e Racismo" do *Centro de Estudios de Justicia de las Américas,* por exemplo, refere que as instituições do movimento negro brasileiro apontam para uma carência de formação sobre o racismo entre os operadores do sistema judicial. Para a grande maioria prevalece o senso comum da democracia racial do Gilberto Freyre[7]. Não há racismo, por outras palavras. E, portanto, assumem nas suas sentenças, o preconceito racial de se julgarem sem preconceito racial. Impõe-se uma outra formação que mostre que a sociedade brasileira, como qualquer outra sociedade envolvida historicamente no colonialismo (como colónia ou como colonizadora), é uma sociedade racista e que o racismo tem de

[5] Ver Santos e Gomes (coords), 2009a.
[6] Ver Santos e Gomes (coords), 2007c.
[7] Ver *Sistema judicial y racismo contra afrodescendientes: Brasil, Colombia, Perú y República Dominicana: observaciones finales y recomendaciones.* Centro de Estudios de Justicia de la Américas, 2004.

ser reconhecido para poder ser abolido. É de saudar que 184 anos depois da independência a sociedade brasileira chegue à conclusão de que a independência não foi o fim do colonialismo e que, pelo contrário, ele continuou sob várias formas de colonialismo interno. O PROUNI[8], as acções afirmativas, a política de quotas, são os marcos da passagem histórica da pós-independência para o pós-colonialismo.

Desenhei um retrato-robot do magistrado que contrapus um novo perfil e a formação que deve ser dada em função desse perfil[9]. Ao desenhá-lo, certamente vou cometer injustiças contra muitos magistrados. Trata-se, contudo, apenas de um retrato robot que, naturalmente, não tem que retratar todas as situações gerais. E, de maneira nenhuma, retrata situações particulares. Qual é, então, a grande característica deste retrato? Domina uma cultura normativista, técnico-burocrática, assente em três grandes ideias: a autonomia do direito, a ideia de que o direito é um fenómeno totalmente

---

[8] O PROUNI, Programa Universidade para Todos, está instituído na Lei nº 11.096//2005, de 13 de Janeiro, e consiste num programa de concessão de bolsas de estudos integrais ou parciais para estudantes de cursos de graduação e sequenciais de formação específica, em instituições privadas de ensino superior, com ou sem fins lucrativos. As políticas de acção afirmativa têm enfrentado muita resistência com a incidência do debate no tema convencional da contraposição entre o acesso e a meritocracia mas também em temas novos como o método de reserva de vagas e as dificuldades em aplicar o critério racial numa sociedade altamente miscigenada. Já as medidas adoptadas no âmbito do PROUNI têm estado envolvidas no debate entre a defesa da universidade como bem público e a mercantilização do ensino, sendo criticadas por não terem atacado de frente o problema da restrição de acesso à universidade pública, no Brasil, maioritariamente responsáveis pelo ensino superior de qualidade. Neste texto, chamo a atenção para essas medidas por representarem um esforço meritório em combater o tradicional elitismo da universidade, forçando uma mudança de paradigma de um conhecimento universitário para um conhecimento pluriversitário, ver Santos, 2004.
[9] Ver Santos, 2000a.

diferente de tudo o resto que ocorre na sociedade e é autónomo em relação a essa sociedade; uma concepção restritiva do que é esse direito ou do que são os autos aos quais o direito se aplica; e uma concepção burocrática ou administrativa dos processos.

Este é, digamos assim, o pano de fundo desta cultura normativista, técnico-burocrática. Manifesta-se de múltiplas formas:

Prioridade do direito civil e penal. Na tradição da dogmática jurídica, a autonomia do direito construiu-se, fundamentalmente, em relação ao direito civil e ao direito penal, os dois grandes ramos do direito nas faculdades. São ainda hoje as formas de direito que garantem, quase como num espelho, a imagem de autonomia do direito. Noutros ramos do direito (direito da família, do trabalho, ambiental, etc.) não vemos essa autonomia. A ideia de autonomia determina o modo de interpretar e aplicar o direito.

Cultura generalista. A segunda manifestação é a prioridade da formação generalista, caracterizada, basicamente, pela ideia de que só o magistrado, por ser magistrado, tem competência para resolver litígios, e de que, pela mesma razão, tem competência para resolver todos os litígios. Se a lei é o único factor na resolução dos litígios e o magistrado o seu intérprete fidedigno, uma vez que a lei é geral e universal, a competência do magistrado também deve ser geral e universal. A ideia de que é necessária uma competência genérica para resolver os litígios está ainda hoje muito enraizada.

Desresponsabilização sistémica. A terceira manifestação sustenta que a autonomia do direito é a autonomia dos seus aplicadores, o que leva a uma certa desresponsabilização perante os maus resultados do desempenho do sistema judicial. Manifesta-se através de três sintomas fundamentais. O primeiro dá-se sempre que um problema no sistema nunca é visto como problema "nosso", é sempre dos outros, do outro corpo, da outra instância. Transfere-se a culpa para fora do sistema ou para fora do subsistema de que se faz parte. O segundo sintoma aparece quando os maus resultados são fragmentados no interior do sistema ou dos subsistemas, alienando o todo da responsabilidade das partes, é o que se vê quando, com a mesma estrutura burocrática, no mesmo tribunal, verificam-se, em secções diferentes, desempenhos muito distintos. O terceiro sintoma, por sua vez, reflecte-se nas dificuldades de que sejam impostas consequências aos maus procedimentos, o que se manifesta no baixíssimo nível de acção disciplinar efectiva.

O privilégio do poder. A quarta manifestação da cultura judicial dominante é que, apesar de esta ser técnico-burocrática, não consegue ver os agentes do poder em geral como cidadãos com iguais direitos e deveres. É uma cultura autoritária que faz com que o poder político tenha, necessária e "compreensivelmente", alguns privilégios junto da justiça. Isso significa medo de julgar os poderosos, medo de tratar e de investigar os poderosos como cidadãos comuns. Trata-se uma cultura muito difusa nos agentes judiciais e que se manifesta de diversas formas.

Refúgio burocrático. A quinta manifestação desta cultura é a preferência por tudo o que é institucional, burocraticamente formatado. São os seguintes os sintomas mais evidentes desta manifestação: uma gestão burocrática dos processos, privilegiando-se a circulação à decisão – o chamado andamento aparente dos processos; a preferência por decisões processuais, em detrimento de decisões substantivas; a aversão a medidas alternativas, por exemplo, penas alternativas, por não estarem formatadas burocraticamente.

Sociedade longe. A sexta manifestação desta cultura normativista técnico-burocrática é ser, em geral, competente a interpretar o direito e incompetente a interpretar a realidade. Ou seja, conhece bem o direito e a sua relação com os autos, mas não conhece a relação dos autos com a realidade. Não sabe espremer os processos até que eles destilem a sociedade, as violações de direitos humanos, as pessoas a sofrerem, as vidas injustiçadas. Como interpreta mal a realidade, o magistrado é presa fácil de ideias dominantes. Aliás, segundo a cultura dominante, o magistrado não deve ter sequer ideias próprias, deve é aplicar a lei. Obviamente que não tendo ideias próprias tem que ter algumas ideias, mesmo que pense que não as tem. São as ideias dominantes que, nas nossas sociedades, tendem a ser as ideias de uma classe política muito pequena e de formadores de opinião, também muito pequena, dada a grande concentração dos meios de comunicação social. E é aí que se cria um senso comum muito restrito a partir do qual se analisa a realidade. Este senso comum é ainda enviesado pela suposta cientificidade do direito que, ao contribuir para a sua despolitização, cria a ficção de uma prática jurídica pura e descomprometida[10].

Independência como auto-suficiência. Finalmente, a última característica da cultura judicial dominante é confundir independência com individualismo auto-suficiente. Significa, basicamente, uma aversão enorme ao trabalho de equipa; uma ausência de gestão por objectivos no tribunal; uma oposição militante à colaboração interdisciplinar; e uma ideia de auto-suficiência que não permite aprender com outros saberes.

A necessária revolução nas faculdades de direito

O paradigma jurídico-dogmático que domina o ensino nas faculdades de direito não tem conseguido ver que na sociedade circulam várias formas de poder, de direito e de conhecimentos que vão muito além do que cabe nos seus postulados. Com a tentativa de

---

[10] Neste sentido, merece ser salientada a caracterização do senso comum teórico dos juristas segundo Warat. "A epistemologia tradicional procura resolver, idealmente, as relações conflitantes entre a teoria e a práxis jurídica, ignorando, fundamentalmente, o valor político do conhecimento na *práxis*. Propõe um saber que seja puro como teoria e, com isso, facilita que a dita proposta seja ideologicamente recuperada, servindo agora para que os juristas contaminem a *práxis* de pureza, criando a ilusão de uma actividade profissional pura. Assim, os critérios de purificação metodológica ganham um novo sentido: de uma crença vinculada a uma actividade profissional. Os juristas de ofício, apoiados na ideia de um conhecimento apolitizado, acreditam que o advogado é um manipulador das leis, descompromissados politicamente, um técnico neutro das normas". (Warat, 1982: 52).

eliminação de qualquer elemento extra-normativo, as faculdades de direito acabaram por criar uma cultura de extrema indiferença ou exterioridade do direito diante das mudanças experimentadas pela sociedade. Enquanto locais de circulação dos postulados da dogmática jurídica, têm estado distantes das preocupações sociais e têm servido, em regra, para a formação de profissionais sem um maior comprometimento com os problemas sociais.

Esta cultura dominante, técnico-burocrática, tem uma grande continuidade histórica nos nossos países. Para a substituir por uma outra, técnico-democrática, em que a competência técnica e a independência judicial estejam ao serviço dos imperativos constitucionais de construção de uma sociedade mais democrática e mais justa, é necessário começar por uma revolução nas faculdades de direito. Tal tarefa será extremamente difícil, dados os poderosos interesses em jogo para que ela não ocorra.

Tem-se assistido a uma expansão enorme no número de faculdades de direito, principalmente privadas. A quantidade aqui não quer dizer qualidade, já que muitas instituições centraram as suas actividades apenas no ensino e, mesmo assim, um ensino marcado por uma prática pedagógica tradicional e tecnicista. Muitos cursos não têm investimento na formação pedagógica dos professores e não implementaram o tripé ensino, pesquisa e extensão de maneira satisfatória.

Quanto ao ensino, os cursos de direito estão muito marcados por uma prática educacional que Paulo Freire denominou de "Educação Bancária", em que os alunos são "depósitos" nos quais os professores vão debitando as informações, que, por seu turno, devem ser memorizadas e arquivadas[11]. O aluno é um receptor passivo das informações e deverá repeti-las literalmente, como forma de demonstrar que "apreendeu" o conteúdo.

[11] Ver Freire, 1987: 59.

Em regra, o ensino jurídico até hoje praticado parte do pressuposto de que o conhecimento do sistema jurídico é suficiente para a obtenção de êxito no processo de ensino-aprendizagem. A necessária leitura cruzada entre o ordenamento jurídico e as práticas e problemas sociais é ignorada, encerrando-se o conhecimento jurídico e, consequentemente, o aluno, no mundo das leis e dos códigos. As pesquisas no direito estão ainda muito centradas na descrição de institutos, sem a devida contextualização social.

A subversão deste quadro passa pelo investimento em propostas como a de pesquisa-acção, onde a definição e execução participativa de projectos de pesquisa e ensino envolve a comunidade e esta pode se beneficiar dos resultados dos estudos.[12]

Por estar muito centrada numa visão compensatória para com a comunidade circundante, a extensão nos cursos de direito também deve ser repensada. As actividades têm como foco, em regra, o oferecimento de palestras e atendimentos jurídicos, desarticulados com a realidade e as necessidades dos grupos sociais e afunilados numa aplicação técnica da ciência jurídica[13]. Uma extensão emancipatória assenta numa ecologia de saberes jurídicos, no diálogo entre o conhecimento jurídico popular e científico, e numa aplicação edificante da ciência jurídica, em que aquele que aplica está existencial, ética e socialmente comprometido com o impacto de sua actividade.[14]

No entanto, tal formação não pode estar restrita ao estudo das normas que tratam dos direitos humanos, deve antes estabelecer uma relação dialógica com as lutas jurídicas e sociais pela cidadania

---

[12] Ver Santos, 2004: 75.

[13] Eis algumas das características da aplicação técnica da ciência: quem aplica o conhecimento está fora da situação existencial em que incide a aplicação e não é afectado por ela; a aplicação assume como única a definição da realidade dada pelo grupo dominante, escamoteia os eventuais conflitos e silencia as definições alternativas. Ver Santos, 1996:19.

[14] Ver características da aplicação edificante da ciência em Santos, 1996: 20.

e pelo reconhecimento de direitos. Uma aula de direitos humanos precisa ter múltiplas vozes, ou seja, dos professores (encarregado de organizar tal espaço), dos alunos (não como meros ouvintes, mas sujeitos activos) e, invariavelmente, de integrantes dos mais variados movimentos e organizações sociais. É de se lamentar que muitas faculdades, marcadas por um fascismo do *apartheid* social[15], transformaram-se em castelos neofeudais, onde só podem entrar aqueles que fazem parte de seu corpo discente e docente. De maneira flagrante, as faculdades de direito têm-se mostrado herméticas ao diálogo com os grupos sociais, bem como com outras áreas do saber, científico ou não. Têm sido espaços marcados, predominantemente, pela ignorância ignorante, daqueles que não têm o conhecimento do que ignoram, e menos pela douta ignorância, a ignorância daqueles que sabem que ignoram o que ignoram[16][17].

A transformação nos cursos de direito passa também pela formação dos professores, uma vez que a maioria nunca teve acesso a qualquer preparação pedagógica. Um professor sem qualquer preparação pedagógica e sem qualquer reflexão crítica acerca da sua acção docente torna-se um improvisador ou, no melhor dos casos, um especialista de ensino antidialógico, contratado para proferir alguns discursos semanais, que deverão ser repetidos fielmente

---

[15] Ver Santos, 2003.

[16] Ver Santos, 2008: 25. A ideia de douta ignorância tem suas raízes nos estudos de Nicolau de Cusa. Assim: "A designação douta ignorância pode parecer contraditória, pois o que é douto é, por definição, não ignorante. A contradição é, contudo, aparente já que ignorar de maneira douta exige um processo de conhecimento laborioso sobre as limitações do que sabemos".

[17] Mas o processo político neste domínio parece ir contra a ignorância ignorante. A Lei nº 12.990, de 2014, estabelece um percentual de 20% para negros nos concursos públicos federais do Executivo. O CNJ e o CNMP ainda apreciam, sem qualquer conclusão, a inclusão de acções afirmativas nos concursos para Judiciário e Ministério Público; quanto a este último, existe parecer de comissão contra o racismo institucional no sentido da constitucionalidade. Qual será o impacto destas medidas nos planos de estudos das Faculdades de Direito.

em provas e trabalhos. Esta antipedagogia asfixiante subjaz ainda hoje à grande parte do ensino jurídico, não se podendo esperar dela qualquer preparação para práticas exigentes de cidadania e de democracia. Cabe resgatar a contribuição de Paulo Freire quando argumenta que nenhuma educação é neutra e que, conscientes ou não disso, os educadores desenvolvem suas actividades, contribuindo, em maior ou menor grau, para a libertação dos indivíduos ou para a sua domesticação.

É verdade que algumas faculdades de direito têm vindo a renovar-se e a modernizar-se mas paradoxalmente tal renovação e modernização tende a ocorrer ao nível das pós-graduações. Ou seja, não atinge a esmagadora maioria dos estudantes e, em todo o caso, será impotente para inverter vários anos de *deformação* jurídica. Onde, por exemplo, pouca ou nenhuma atenção foi dada aos direitos humanos, onde o direito das águas foi ensinado sem qualquer referência ao direito das bacias hidrográficas, ou onde sobre o direito de propriedade se ensinou apenas a velha lição individualista do código civil.

Vale a pena referir algumas experiências ensaiadas no ensino jurídico brasileiro que não se pode desperdiçar ou negligenciar. Em primeiro lugar, o país reúne uma massa de juristas notavelmente críticos, que há mais de vinte anos têm apontado os limites e défices na formação de novos operadores do direito, sendo José Eduardo Faria, José Geraldo de Sousa Júnior, Joaquim Falcão, Miracy Gustin Barbosa, Roberto Lyra Filho, Antonio Carlos Wolkmer e Luis Alberto Warat apenas alguns de seus maiores expoentes. Em segundo lugar, o país tem vivenciado na última década um processo de reforma do ensino jurídico que absorveu boa parte dessa produção crítica e que teve na edição de novas directrizes curriculares para os cursos jurídicos um dos seus resultados mais significativos[18].

---

[18] A reflexão sobre a reforma do ensino jurídico no Brasil foi muito enriquecida com a contribuição de Fábio Sá e Silva, a quem agradeço.

A literatura sobre esse processo de reforma é relativamente escassa, mas altamente convergente[19]. Ela revela o protagonismo da Comissão de Ensino Jurídico da OAB e da então Comissão de Especialistas de Ensino do Direito do Ministério da Educação (MEC), que se traduziu num diálogo criativo com personagens da academia e numa série de seminários com toda a comunidade directamente envolvida na produção do saber jurídico (profissionais, estudantes, professores e gestores de instituições de ensino). Desse debate amplo foram tirados os principais elementos da Portaria nº 1.886, de 30 de Dezembro de 1994, que instituiu as já mencionadas novas directrizes curriculares, posteriormente resgatadas pela Resolução nº 09, de 29 de Setembro de 2004[20].

Sendo impossível descrever por completo todas as alterações proporcionadas pelas novas directrizes, é suficiente mencionar

[19] Ver Sousa Júnior, 2002, Félix, 2001 e Sá e Silva, 2007.
[20] É preciso ressaltar que entre a edição da Portaria 1.886, de 30 de Dezembro de 1994, e a homologação da Resolução nº 09, de 29 de Setembro de 2004, as novas directrizes curriculares estiveram ameaçadas duplamente. Primeiro, o Ministério da Educação postergou por várias vezes o início da sua vigência. Depois sobreveio a mudança no arranjo institucional do MEC, que deslocou para o Conselho Nacional de Educação a prerrogativa de editar directrizes curriculares. Desse processo resultou a elaboração de um novo texto (Parecer nº 146/02) anulando e, em alguns casos, retrocedendo nos avanços obtidos por meio da Portaria nº 1.886/94. Como exemplo de anulação esteve o fim da obrigatoriedade na apresentação de uma monografia de final de curso e do estágio curricular realizado na própria instituição, factores importantes na ruptura com a lógica dominante do ensino do direito, tal como adiante referirei. Como exemplo de retrocesso, esteve a possibilidade de que o curso jurídico pudesse ser concluído em até três anos, uma possibilidade perturbadora para um segmento da educação superior que vem sendo objecto de tanta desconfiança. Esse descompasso entre o Conselho Nacional de Educação e o processo (social) de reforma do ensino jurídico, afinal, só veio a ser reparado depois de um processo extremamente tortuoso, marcado pela impugnação judicial do Parecer nº 146/02 e por uma posterior negociação mediada pela Associação Brasileira de Ensino do Direito (ABEDI).

a introdução da interdisciplinaridade (com a presença de várias matérias no eixo fundamental de formação, no intuito de estabelecer um diálogo com factores que influenciam e são influenciados pelo direito, tais como a filosofia, a economia, a ciência política, a sociologia entre outras); a integração entre ensino, pesquisa e extensão (o que confere ao ensino do direito um *status* verdadeiramente universitário); e a integração entre teoria e prática (entendida para além da prática forense).

Para auxiliar a implementação dessa agenda de princípios, foram ainda criados diversos instrumentos de ensino-aprendizagem, como o cumprimento de carga horária específica de estágio no núcleo de prática jurídica (uma denominação utilizada exactamente para contrastar com os antigos escritórios-modelo, concentrados na redacção de peças processuais); o cumprimento de carga mínima de actividades complementares (que abrem ao aluno a oportunidade de definir os termos de sua própria formação, na aquisição autónoma de capacidades intelectuais e profissionais); e o trabalho de curso como requisito obrigatório para a graduação (a ser cumprido pela elaboração de monografias ou outras formas de relatórios de investigação, que buscam incentivar a problematização em torno de temas, ao invés da mera compilação de textos e conceitos).

Essa breve referência à história e aos resultados objectivos do processo de reforma do ensino do direito serve apenas para demonstrar que as amplas transformações nas faculdades de direito reivindicadas no âmbito de uma revolução democrática da justiça são, não apenas viáveis, mas também correspondentes com os marcos político-pedagógicos que devem ser observados para a formação de bacharéis no Brasil. A questão que fica em aberto, no entanto, é por que, apesar de todas essas oportunidades, as escolas de direito no Brasil permanecem incapazes de dar o salto necessário para um modelo educacional socialmente mais comprometido e epistemologicamente mais sofisticado.

Certamente será possível creditar essa inércia à passividade de professores, às barreiras organizacionais existentes tanto nas instituições privadas quanto nas públicas[21], às razões de mercado ou mesmo à falta de interesse dos alunos, muitos dos quais estão a buscar o diploma em direito como um elemento suplementar de suas carreiras ou como requisito de habilitação para o desejado concurso público. Mas há também uma parcela de responsabilidade que deve ser assumida pela crítica sociológica ou sociojurídica, a qual poderia envolver-se na tarefa de descobrir e promover alternativas ao modelo pedagógico hegemónico, operando nos moldes de uma autêntica sociologia das emergências. Em Portugal, a realidade não é muito diversa.

Nesse sentido, a revolução democrática da justiça deve passar pela construção de um novo campo de trabalho e estudos sobre a crise e a reforma do ensino do direito, cujo carácter mais exploratório e propositivo (embora nem por isso menos rigoroso) virá a ser precioso para a ampliação dos limites do possível nas escolas e o estímulo dos actores efectivamente interessados na sua renovação[22].

Esta questão torna-se ainda mais pertinente quando se observa que existem, afinal, experiências que resistem ao modelo hegemónico e construindo uma nova possibilidade de formação. Vejam-se os exemplos dos projectos " Polos de cidadania", animados por Miracy Gustin Barbosa, na Universidade Federal de Minas Gerais, e "O Direito achado na Rua", desenvolvido há mais de vinte anos na Universidade de Brasília sob a direcção de José Geraldo Sousa

---

[21] Sobre essas barreiras organizacionais, ver Santos, 2004.
[22] Um estudo recente prosseguindo esses mesmos objectivos pode ser encontrado em Sá e Silva, que sob a designação de uma "metodologia do ensino do direito" reclama a criação de "um campo complexo de pensamento e actuação que nos habilitaria a observar, analisar e sistematizar práticas pedagógicas transgressoras, como contributo para a ampliação dos limites do que fazer das instituições de ensino superior" (2007:39-40).

Júnior e a inspiração de Roberto Lyra Filho[23]. Em Portugal, veja-se o programa de doutoramento "Direito, Justiça e Cidadania no Século XXI", da Universidade de Coimbra que procura uma análise interdisciplinar do direito combinando as racionalidades da ciência jurídica e das restantes ciências sociais, fundado e coordenado durante vários anos, por José Joaquim Gomes Canotilho e por mim. No entanto, muitas dessas iniciativas positivas não têm sido socializadas e ficam restritas à própria instituição. Esse isolamento colabora para que continue forte a ideia de que só há uma forma de conhecimento e de aprendizagem.

É necessário partir da ideia de que a dogmática jurídica é apenas um dos saberes jurídicos que vigoram na sociedade e de que todos merecem ser estudados nas faculdades para que se possa avaliar do seu relativo valor. As novas faculdades de direito deverão pautar os seus programas pela ecologia dos saberes jurídicos[24]. A título de ilustração, não posso esquecer um episódio que se passou com uma assistente minha num projecto de investigação que realizei na Colômbia[25]. Era indígena e frequentava o primeiro ano da Faculdade de Direito da Universidade Nacional da Colômbia em Bogotá. Numa aula de direito civil, em que o professor leccionava que a terra é um objecto de propriedade, que se compra e se vende, ela pediu para falar e disse: "mas professor, na minha comunidade não é assim, nós não podemos possuir terra porque nós somos parte da terra, a terra não nos pertence, nós é que pertencemos à terra". Ao que o professor respondeu rispidamente: "eu estou aqui a ensinar o código civil, não me interessam outras concepções". Ela chegou ao meu gabinete a chorar porque o conhecimento jurídico oficial que ela estava a aprender estava a torná-la ignorante a respeito do seu próprio direito indígena. Ao aprender o direito oficial,

---

[23] Sousa Júnior, 1987.
[24] Sobre a ecologia de saberes ver Santos, 2006a: 127-154.
[25] Ver Santos e García-Villegas, 2001.

estava a esquecer activamente o direito indígena, e, portanto, o processo de conhecimento era também um processo de desconhecimento.

Penso que a educação jurídica deve ser uma educação intercultural, interdisciplinar e profundamente imbuída da ideia de responsabilidade cidadã pois só assim poderá combater os três pilares da cultura normativista técnico-burocrática a que fiz referência: a ideia da autonomia do direito, do excepcionalismo do direito e da concepção tecno-burocrática dos processos.

As escolas da magistratura
A criação de uma cultura jurídica democrática passa pela transformação das faculdades de direito, mas passa também pela transformação dos modelos de recrutamento e formação.

Na maioria dos países da Europa continental, o método de recrutamento e selecção de magistrados mais comum é o concurso público aberto a jovens licenciados em direito, sem experiência profissional, composto por provas de conhecimentos teóricos e técnicos, para acesso a uma fase inicial de formação (Oberto, 2003). Como referem Guarnieri e Pederzoli (1996), o modelo europeu continental, que denominam de modelo burocrático, assenta na concepção clássica do juiz enquanto técnico do direito, cuja legitimação advém apenas da sua experiência e das suas competências jurídicas. Nos sistemas continentais, a escolha com base no mérito é considerada como a melhor forma de assegurar uma selecção de qualidade e de garantir a independência da classe. A forma organizacional encontrada para a formação inicial de magistrados é, nos vários países da Europa, distinta, oscilando entre uma preparação organizada puramente pelos órgãos de gestão e governação das magistraturas (veja-se o caso de Itália), uma formação integrada entre os vários profissionais do direito (cujo caso mais emblemático é o da Alemanha) ou a institucionalização de uma escola de formação vocacionada para as magistraturas, normalmente dotada de alguma autonomia, quer do poder executivo, quer do poder judicial (como é o caso de França e de Portugal).

O sistema de recrutamento e selecção de magistrados instituído em 1979, concomitantemente com a criação do Centro de Estudos Judiciários (CEJ)[26], constituiu uma verdadeira ruptura com o passado, tendo presidido a tal mudança duas preocupações fundamentais: (a) garantir, a jusante, a adequada independência do poder judicial face, essencialmente, ao poder político e, a montante, entre os próprios profissionais; (b) construir um corpo profissional capaz de acompanhar e responder à transformação do sistema judicial e da sociedade. A busca por alcançar aqueles dois objectivos sofreu, no entanto, recuos, que influenciaram, não só a actual composição dos corpos profissionais da magistratura judicial e do Ministério Público, mas também os diferentes ajustamentos que se foram delineando ao longo dos tempos.

Identifico três problemas estruturais na evolução do modelo de recrutamento e formação de magistrados instituído com a criação do Centro de Estudos Judiciários. O primeiro reporta-se à constante criação de regimes excepcionais de acesso às magistraturas e de formação de magistrados. Ao longo dos anos, foram sendo criados inúmeros mecanismos de acesso especial às magistraturas, com diferentes bases de recrutamento e diferentes requisitos de formação inicial[27]. Estes regimes excepcionais, de tão frequentes,

---

[26] Segundo Carmo, 2004, "a criação do Centro de Estudos Judiciários foi uma aposta nas ideias de construção de um processo próprio de formação de magistrados, não restrito às áreas técnicas do direito; de institucionalização dessa formação; de formação conjunta de juízes e procuradores; e de recrutamento de jovens licenciados para ambas as magistraturas".

[27] Veja-se o Decreto-Lei 264/81, de 3 de Setembro, e a Lei nº 7-A/2003, de 9 de Maio, que permitiram a criação de cursos especiais de formação quer para magistrados judiciais, quer para magistrados do Ministério Público; o Decreto-Lei nº 179/2000, de 9 de Agosto, que permitiu a criação de cursos especiais para magistrados judiciais; e a Lei nº 47/86, de 15 de Outubro, o Decreto-Lei nº 23/92, de 21 de Fevereiro e a

tornam-se regra e traduzem-se na própria negação do sistema, criando um sistema paralelo de acesso às magistraturas.

O segundo problema refere-se à constante instabilidade institucional em que o Centro de Estudos Judiciários tem vivido. O modelo de autonomia concebido legalmente tem como principal objectivo preservar a sua independência, quer face ao poder executivo, quer face ao poder judicial. No entanto, o CEJ tem sido ciclicamente abalado por dificuldades de relacionamento com aqueles dois poderes, que não têm permitido a construção de um modelo de formação diferenciado.

O terceiro problema, intimamente relacionado com este, prende-se com a reprodução por esta escola de formação dos erros das faculdades de direito. Apesar de orientada para a decisão e da progressiva integração no seu plano de estudos de matérias de outras áreas do saber, a formação do Centro de Estudos Judiciários continua baseada na ideia de autonomia do direito[28]. Já propus que nestas escolas só 50% dos professores sejam juristas. Todos os outros devem vir de outras formações. Proponho, aliás, que para algumas áreas do exercício judicial, não seja necessária uma formação jurídica de base. Por exemplo, na área de família e menores poderão ser mais importantes outras formações de base que depois serão complementadas com formação jurídica.

A organização judiciária espartilha os casos da vida em parcelas, de acordo com as distintas possibilidades de enquadramento jurídico do problema. Por exemplo, nos casos de violência domés-

---

Lei nº 95/2009, de 2 de Setembro, que autorizam a criação de cursos especiais para magistrados do Ministério Público.

[28] No plano de estudos em curso (ano de 2010/2011), está prevista, pela primeira vez, o tratamento de algumas matérias (violência doméstica, acidentes de viação, abusos sexuais e exploração sexual de menores e insolvência) de forma integrada, procurando abarcar as várias perspectivas do direito e de outras áreas do saber sobre uma determinada realidade social. Esta poderá ser uma iniciativa positiva que é necessário avaliar.

tica, a revitimização é induzida pelo próprio sistema judicial, que obriga a vítima à repetição da sua história no processo-crime e depois no processo de divórcio e depois na acção de regulação das responsabilidades parentais. Precisamos de magistrados que vejam determinado processo em toda a sua dimensão social e jurídica e que não o tratem como uma fatia daquilo que ele é. O desafio que se coloca aos magistrados – e aqui o Ministério Público assume uma posição privilegiada – é compreender os fenómenos sociais existentes por trás do papel do processo.

Por outro lado, prevalece, hoje, ainda entre nós a ideia que o magistrado que se forma na faculdade de direito está formado para toda a vida. É um erro. A formação da faculdade é uma formação genérica deve ser complementada com formações especializadas. Por exemplo, o combate à criminalidade complexa ou os contratos internacionais exigem conhecimentos contabilísticos, conhecimentos económicos extremamente complicados que não são adquiridos nas faculdades de direito. Estes conhecimentos exigem uma formação de outra natureza, que poderá decorrer de acordos entre o sistema judiciário e outras organizações da sociedade. Por exemplo, na formação dos magistrados, os estágios não podem ser feitos apenas em tribunais ou em prisões. Devem, também, realizarem-se em fábricas, ONGs, movimentos sociais, em suma, em diferentes organizações sociais para que a sociedade possa pulsar dentro dos processos que aqueles magistrados irão, no futuro, analisar.

A interdisciplinaridade é importante para que o juiz possa decidir adequadamente as novas questões complexas, que exigem mais conhecimentos de outras áreas do que jurídicos. A formação de equipas auxiliares dos juízes não é tratada com a atenção que merece. Os profissionais das diversas áreas que actuam junto aos processos judiciais ganham a cada dia mais destaque e relevância nas decisões. As escolas de magistratura, os juízes e tribunais devem estar atentos a esta realidade. Um bom exemplo do adequado tratamento aos auxiliares dos juízes é a contratação de quadros de profissionais (como, por exemplo, contabilistas) para o auxílio na solução das peculiaridades dos processos judiciais.

A questão da adequação do sistema de recrutamento e formação às mutações socioeconómicas e ao novo contexto de exercício de funções do poder judicial tem sido colocada ao modelo adoptado no Brasil. A necessidade de introdução de reformas no sistema de recrutamento e formação dos magistrados foi concretizada, em parte, com a consagração da reforma constitucional do judiciário (Emenda Constitucional nº 45). Esta emenda modificou o sistema de ingresso na carreira da magistratura, introduzindo a exigência de três anos de actividade jurídica. Por outro lado, constituiu como etapa obrigatória do processo de vitaliciamento a participação em curso oficial ou reconhecido pela Escola Nacional de Formação e Aperfeiçoamento de Magistrados (ENFAM). Para a aferição do merecimento de progressão na carreira estabeleceu, ainda, a frequência e aproveitamento em cursos oficiais ou reconhecidos de aperfeiçoamento.

Estas mutações em termos das exigências de recrutamento e progressão na carreira efectivaram-se com a criação da Escola Nacional de Formação e Aperfeiçoamento de Magistrados no âmbito do Superior Tribunal de Justiça. Entre outros objectivos, a ENFAM actua na autorização e fiscalização dos cursos oficiais para ingresso, vitaliciamento e promoção na carreira da magistratura, definição das directrizes básicas para a formação e o aperfeiçoamento de magistrados e apoio, inclusivamente financeiro, às escolas da magistratura estaduais e federais na realização de cursos de formação e de aperfeiçoamento.

As principais críticas que o modelo de formação tem recebido são, por um lado, a da inexistência de um sistema unificado de recrutamento e formação de magistrados. O actual sistema assenta em experiências particulares desenvolvidas no âmbito dos estados. Daí a importância da efectividade do papel de coordenação do sistema de formação a ser realizado pela ENFAM[29]. Por outro lado, questiona-se a composição dos órgãos directivos destas escolas, sendo certo que "um tipo de recrutamento e de socialização sob o controlo do poder judiciário produza o resultado da uniformidade, da observância de linhas hierárquicas definidas, da conformação de um corpus burocrático auto-referido e de um tipo de *ethos* que venha a produzir o juiz como um funcionário especial"[30].

---

[29] Ver Gebran Neto, 1995.
[30] Wernneck Vianna *et al*, 1997: 294-295.

CAPÍTULO 5
OS TRIBUNAIS E A TRANSFORMAÇÃO SOCIAL

A organização judicial estruturada de forma piramidal controlada no vértice por um pequeno grupo de juízes de alto escalão, onde o prestígio e a influência social do juiz dependem de sua posição na hierarquia profissional, acaba por condicionar o *ethos* profissional dominante e fortalecer o espírito corporativista, o que, na prática, contribui para um isolamento social do judiciário.

No Brasil, tal como em Portugal depois de 1974, a passagem da ditadura para a democracia não implicou debates, e tão pouco pressões políticas que exigissem mudanças muito profundas na estrutura organizacional dos tribunais. Isto conduziu a um reforço da independência judicial em relação aos outros poderes sem a correlata discussão sobre os mecanismos de controlo democrático da magistratura. Por outro lado, não foi questionada a independência interna, preservando-se um modelo burocrático de organização, com subordinação dos juízes à cúpula, dentro de uma estrutura em que os magistrados se concentram nas suas carreiras individuais e mantêm um distanciamento em relação à esfera pública e às organizações sociais[1].

Neste domínio são particularmente fortes no Brasil as críticas dos movimentos sociais à resposta do sistema judicial às suas demandas, com destaque para movimento dos trabalhadores rurais sem terra (MST), movimento indígena e movimento negro. As organizações e movimentos sociais em prol da defesa da reforma agrária apontam, como um dos seus principais obstáculos, a intervenção do judiciário a favor dos proprietários rurais, por vezes

---

[1] No que respeita às associações, o seu envolvimento restringe-se às que promovem os seus interesses corporativos. Para o caso brasileiro, Ver Koerner, 2003.

ignorando processos de assentamento já finalizados. Em Março de 2010, mais de 265 acções judiciais[2], entre mandados de segurança, acções cautelares, acções principais próprias, suspendiam os procedimentos administrativos do Instituto Nacional de Colonização e Reforma Agrária (INCRA), impedindo, portanto, a continuidade extra-judicial do tratamento dos casos, o que, por sua vez, obstrui a proposição de acções de desapropriação para fins de reforma agrária. Daí, que os líderes do Movimento dos Sem Terra acusem o Judiciário de parcialidade.

Apontam que esta parcialidade vem à tona igualmente quando os juízes frequentemente concedem as liminares de reintegração de posse aos proprietários rurais imediatamente após o pedido. Este quadro varia de estado para estado. No Pará, estado pioneiro na implantação de varas especializadas na questão agrária, os juízes têm adoptado, maioritariamente e como prática rotineira, a realização de audiência de justificação de posse[3] antes da apreciação do pedido de medida liminar de reintegração de posse e, diante da verificação das provas, nalguns casos, têm negado a liminar devido a verificação do incumprimento da função social da propriedade (por exemplo, pela prática de trabalho análogo a escravo e dano ambiental)[4].

Para a luta dos povos indígenas, o maior entrave colocado pelo judiciário para além da morosidade sistémica, que afecta a todos, é a morosidade activa, a decisão deliberada de não decidir, protelar os casos relativos à demarcação das terras indígenas, evitando assim a questão, dada sua complexidade e os interesses envolvidos.

---

[2] Dados da Procuradoria-Geral do INCRA.

[3] O art. nº 928 do Código de Processo Civil brasileiro faculta ao juiz, caso não esteja comprovada a posse, que o mesmo realize audiência de justificação de posse para que o autor leve testemunhas do modo a demonstrar a posse do imóvel.

[4] Entretanto, outras experiências de varas agrárias no Brasil estão a ser percepcionadas pelos movimentos sociais como negativas, com críticas à postura autoritária de alguns juízes e à inclinação para a criminalização dos movimentos sociais.

Daí a reivindicação das lideranças indígenas de conseguir junto do Supremo Tribunal Federal o compromisso com a agilização dos seus processos[5].

No caso do movimento negro, a luta jurídica está voltada para as reivindicações pela implementação dos programas de acção afirmativa e pela efectividade das decisões nos processos de discriminação racial. Nesse sentido, uma reivindicação estrutural é a necessidade de uma formação jurídica que denuncie e supere o mito da democracia racial e amplie as concepções de injustiça com as quais os magistrados estão acostumados a trabalhar, conferindo mais destaque às injustiças históricas e étnico-culturais. Voltarei ao tema dos conflitos estruturais na próxima secção.

No âmbito da revolução democrática que proponho o sistema judicial vai ter que buscar outro tipo de relacionamento com os movimentos sociais. As queixas do movimento negro, do movimento dos sem-terra, do movimento indígena em relação ao sistema judicial, são justificadas, em grande medida, pela grande insensibilidade que sentem face aos seus problemas, aos seus direitos e à interpretação que deles fazem os tribunais. É, por isso, que não podemos valorizar apenas a rapidez da justiça. A um magistrado treinado no positivismo jurídico exigirá mais estudo e mais tempo uma decisão que aceite uma concepção social de propriedade. A imposição da rapidez levá-lo-á à rotina, a evitar os processos e os domínios jurídicos que obriguem a decisões mais complexas, inovadoras ou controversas. Também, por isso, o sistema de avaliação dos magistrados tem que ser totalmente modificado. Em Portugal, por exemplo, o magistrado é, sobretudo, avaliado pela quantidade de processos que despacha, não tanto pela qualidade das suas sentenças. Enquanto a quantidade for o critério

---

[5] Ver notícia da revista Carta Maior publicada no Dia do Índio no Brasil, 19 de Abril de 2007, "Lula instala Comissão de Política Indigenista mas não ouve reivindicações".

e os magistrados tiverem pouco tempo para pensar e investigar dificilmente, teremos bons magistrados[6].

O papel do direito e dos tribunais nos conflitos estruturais
Na relação entre os tribunais e as lutas e organizações/ movimentos sociais, interessa igualmente indagar como uma política forte de direito e de justiça pode enfrentar as diferentes dimensões da injustiça social. O potencial emancipatório de utilização do direito e da justiça só se confirma se os tribunais se virem como parte de uma iniciativa política ampla e supra-partidária que leve a democracia a sério e a faça prevalecer sobre as "exigências" dos mercados financeiros e a concepção possessiva e individualista de direitos. Do ponto de vista da democracia material, é necessário estabelecer uma ligação entre as disputas individuais e os conflitos estruturais que dividem a sociedade. A resposta habitual do sistema judicial a este tipo de conflitos é trivializá-los e despolitizá-los através de procedimentos rotineiros que separam a disputa individual do conflito estrutural que lhe subjaz. Quando tal separação é mais difícil ou socialmente escandalosa, a solução mais comum é evitar decidir ou retardar a decisão até que as condições da sua aceitação mudem.

A política de adensamento da cidadania pela via democrática e do acesso ao direito e à justiça tem que se dirigir a um conjunto vasto de injustiças que atravessam a sociedade. Especificamente identifico as seguintes dimensões de injustiça: injustiça socioeconómica, racial, de género, étnico-cultural, cognitiva, ambiental, e histórica. A título de exemplo, parto da justiça socioeconómica, a qual pressupõe que se levem a sério os direitos sociais e económicos. É uma questão de

---

[6] A formação legalista tem repercutido seus efeitos nos concursos públicos, em que as provas também reproduzem o paradigma normativista do ensino, com questões que exigem, muitas vezes, apenas domínio técnico das leis e das decisões judiciais. Tal característica tem marcado não apenas a primeira fase dos concursos para a magistratura, mas também as etapas subsequentes em que o candidato poderia demonstrar um conhecimento interdisciplinar e crítico.

direitos humanos mas a injustiça a que ela se refere não pode ser enfrentada através de uma concepção liberal e individualista dos direitos humanos. É necessária uma concepção contra-hegemónica de direitos humanos, que pratique a indivisibilidade dos direitos humanos, que permita a coexistência entre direitos individuais e direitos colectivos, que se paute tanto pelo direito à igualdade como pelo direito ao reconhecimento da diferença, e, sobretudo, que não se autocontemple em proclamações, tão exaltantes quanto vazias, de direitos fundamentais, que, normalmente, de pouco servem àqueles que vivem na margem da sobrevivência em contacto permanente com a desnutrição e a violência.

Uma concepção contra-hegemónica dos direitos humanos tem de enfrentar a situação dos desempregados e dos trabalhadores precários, dos camponeses sem-terra, dos indígenas espoliados, das vítimas de despejos, das mulheres violentadas, das crianças e adolescentes abandonadas, dos pensionistas pobres. É adoptando esta concepção que o sistema judicial assumirá a sua quota-parte de responsabilidade na execução das políticas sociais. Vejamos alguns casos.

Uma das questões mais fracturantes no Brasil (e não só no Brasil) é, certamente, a questão da terra. É também uma das questões mais fracturantes dentro do sistema judicial e é provável que ela se agudize com a revolução democrática da justiça. Confrontam-se concepções individualistas e concepções comunitaristas dos direitos humanos (direitos individuais versus direitos colectivos). A complexidade reside em que a questão da terra combina a questão da justiça social com a questão da justiça étnico-cultural e da justiça racial. Ou seja, a luta contra a desigualdade social vai de par com o reconhecimento da interculturalidade e da dívida histórica que o colonialismo e a escravatura criaram no Brasil. Por outras palavras, é preciso descolonizar o direito e a justiça[7].

---

[7] Sobre estes temas ver Santos, 2006a.

No caso da terra, confrontam-se fundamentalmente duas concepções de propriedade: a concepção que tem na sua base o direito agrário, ligado ao trabalho; e as concepções individualistas do direito civil, com uma concepção de propriedade mais ligada ou à posse directa ou ao título. São duas concepções que estão, neste momento, em conflito. Em minha opinião, uma política forte de acesso ao direito e à justiça pressupõe a preferência por uma concepção social de direito agrário da propriedade. Não se pode esquecer que as fracturas provocadas pela disputa da posse da terra no Brasil são também o pano de fundo da alarmante situação de violência no campo (disputa pela terra e conflitos agrários) que este país vivencia. Para a obviar é necessário que as instituições do Estado aprofundem a componente social da propriedade[8].

No Brasil há três grandes movimentos que lutam pela posse da terra e que, curiosamente, lutam separados ou pouco articulados entre si.[9] Falo do movimento dos trabalhadores rurais sem terra,

---

[8] Veja-se, nesse sentido, o trecho da entrevista dada pelo Ouvidor Agrário Nacional à Revista Carta Maior em 16 de Abril de 2007: *Para conceder uma liminar de reintegração de posse, eles (juízes que aplicam o direito civil ao caso) avaliam, na maioria das vezes, tão somente se existe posse do imóvel e se os trabalhadores efectivamente ocuparam a área, o que no direito agrário está muito aquém daquilo que deve ser feito (...) A actuação da justiça está muito longe do que representa o direito agrário. Não se aplica o direito agrário nas acções possessórias colectivas dos trabalhadores rurais sem terra que requerem providências do poder público para acelerar a reforma agrária e isso evidentemente aumenta o conflito e a violência. Uma liminar de despejo concedida sem a verificação do cumprimento da função social ou da produtividade da propriedade não encontra respaldo entre os trabalhadores que na maioria das vezes já sabem, quando ocupam uma propriedade, se ela é grilada, improdutiva ou tem trabalho escravo. Uma decisão dessas, embora coloque fim no processo judicial, não tem o poder de colocar fim ao conflito agrário.* Entrevista à Revista Carta Maior, secção Movimentos Sociais, em 16/04/2007, "Entrevista Gercino José da Silva: Ocupação de terras griladas ou improdutivas é bem-vinda, diz Ouvidor Agrário Nacional".

[9] Sem descurar dos diversos casos de apoio mútuo entre estes movimentos e da proactividade dos seus líderes no sentido de fomentar maior articulação regional e nacional, refiro-me à criação de alianças locais e translocais, não só para atender aos objectivos de maior pragmatismo político mas tendo especialmente em vista

sobretudo, do MST; do movimento dos quilombolas[10] e, portanto, da conquista da terra das comunidades remanescentes de quilombos; e do movimento indígena pela demarcação de terras. Lutam por três direitos colectivos de natureza diferente. A concepção de terra dos indígenas é muito diferente da dos camponeses do MST. E é também diferente da dos quilombolas. Referem-se também a tempos históricos diferentes. A luta do MST é a luta pela reforma agrária e o seu tempo histórico é o do Estado moderno. A luta dos quilombolas é a luta pela terra dos grupos étnicos negros que conseguiram sobreviver social, económica e culturalmente em determinado território e o seu tempo histórico é o da escravatura e da continuidade desta, sob outras formas, depois da sua abolição formal. A luta dos indígenas é por territórios enquanto expressão e condição de autonomia política e cultural e o seu tempo histórico é o mais longo de todos, o tempo do colonialismo. Sendo diferentes concepções de terra, todas elas apontam para uma concepção não individualista da terra sobre a qual o sistema judiciário está fracturado. São necessários novos conceitos de direito de propriedade sem os quais não pode haver justiça social. É preciso reconhecer o papel dos que lutam por eles, sejam os movimentos sociais ou os ouvidores agrários.

Neste contexto, menciono especificamente a questão da justiça étnico-racial e a da justiça intercultural. A questão indígena tem que ser, finalmente, enfrentada como um problema estrutural no Brasil. Não está em causa o número de indígenas que há neste país (de acordo com Instituto Brasileiro de Geografia e Estatística-

---

uma nova constituição epistemológica dos movimentos, propugnando o diálogo intercultural e a tradução dos diferentes saberes. Sobre a necessidade de aprofundar as alianças entre movimentos sociais, ver Santos, 2005b.

[10] As comunidades quilombolas têm como traço distintivo sua identidade étnica bem como a luta resistência e autonomia em relação aos territórios que ocupam (ver nota 7).

-IBGE, 734.127[11]). Penso, mesmo, que quanto menor for o seu número, mais importantes serão. E mais corajosas terão de ser as políticas indigenistas. Há processos de demarcação de terras que se arrastam há longos anos e o sistema judicial tem uma grande quota de responsabilidade. A título de exemplo, já mencionei o caso dos Pataxós Hã Hã Hãe, há mais de 25 anos a tramitar nos tribunais.

Os atrasos nos processos de demarcação ocorrem porque, obviamente, conflituam com muitos interesses. Aliás, nem os governos, nem a Fundação Nacional do Índio (FUNAI)[12] têm tido um papel meritório neste domínio. O Ministério da Justiça tem devolvido processos à FUNAI, onde ficam parados. Cria-se, assim, um limbo administrativo. E não se podem esquecer as grandes pressões sobre o governo por parte de interesses regionais muito fortes. É um tema muito controverso e nele se chocam interesses antagónicos, mas, precisamente por isso deve ser frontalmente enfrentado.

Nesta matéria, os sinais que estão a ser dados pelo poder político e pelo sistema judicial são sinais de divisão e de hesitação em relação à demarcação de terras. De acordo com o Relatório do Conselho Indigenista Missionário (CIMI) "Violência Contra

---

[11] Dado extraído da pesquisa do IBGE sobre "Tendências demográficas: uma análise da população com base nos resultados dos Censos Demográficos 1940 e 2000", que tem por base o censo demográfico do ano 2000 e refere-se à população residente autodeclarada indígena, por lugar de nascimento, segundo as grandes regiões do Brasil.

[12] Fundação Nacional do Índio é o órgão do Governo brasileiro que estabelece e executa a política indigenista no Brasil e tem como principais competências: promover a educação básica dos índios, demarcar, assegurar e proteger as terras por eles tradicionalmente ocupadas e estimular o desenvolvimento de estudos e levantamentos sobre os grupos indígenas. Tem, ainda, a responsabilidade de defender as Comunidades Indígenas, de despertar o interesse da sociedade nacional pelos índios e suas causas, gerir o seu património e fiscalizar as suas terras, impedindo as acções predatórias de garimpeiros, posseiros, madeireiros e quaisquer outras que ocorram dentro de seus limites e que representem um risco à vida e à preservação desses povos. Ver www.funai.gov.br

os Povos Indígenas", 2009, registam-se 324 terras sem nenhuma providência, sequer para dar início ao processo de demarcação. Ao longo de 2009, o Ministério da Justiça declarou apenas 11 terras como sendo de ocupação tradicional indígena. No mesmo período, a Presidência da República homologou 9 terras, num total de 59 que aguardam por este acto administrativo. Neste mesmo ano, o Presidente do Supremo Tribunal Federal, suspendeu quase imediatamente a homologação da terra indígena Arroio-Korá, situada em Mato Grosso do Sul, e parcialmente a homologação da terra Anaro, em Roraima.

Em tempos recentes, vários indígenas foram assassinados ou criminalizados na luta pelos direitos dos seus povos. Ainda de acordo com o relatório do CIMI, no ano de 2009 foram registados 60 assassinatos de indígenas, número igual ao de 2008. No Estado do Pernambuco, o relatório chama atenção para a criminalização massiva do povo Xukuru[13]. Trinta e cinco lideranças foram criminalizadas, indiciadas e processadas por uma variedade de crimes em decorrência de uma manifestação que surgiu depois da tentativa de assassinato do cacique Marcos Xukuru no ano de 2003. Nesta ocasião foram mortos dois jovens que o acompanhavam.

O recurso aos tribunais também tem sido assumido como estratégia nas disputas em torno do reconhecimento do direito étnico e da titulação do território quilombola. Segundo dados da Comissão

[13] De acordo com informação do site do Instituto Sócio-Ambiental: "Os Xukuru habitam um conjunto de montanhas, conhecido como Serra do Ororubá, no estado de Pernambuco. (...) Desde muito tempo conflitos entre os Xukuru e os fazendeiros e políticos locais são constantes, mas sua intensificação se deu especialmente com o início do processo demarcatório de suas terras em 1989. O assassinato de um importante líder xukuru, de outros dois índios e de um procurador, no fim da década de 1990, foram tentativas de inibir o andamento do processo de regularização da Terra Xukuru, assim como os inúmeros processos jurídicos e administrativos que surgiram no caminho. A Terra Indígena somente foi homologada em 2001" (http://pib.socioambiental.org/pt/povo/xukuru, acedido em 30 de Abril de 2011).

Pró-Índio de São Paulo, contabiliza-se "225 ações judiciais envolvendo terras de quilombo. A primeira delas foi proposta em 1993 e a mais recente em Novembro 2010. Deste total, 155 ainda estão em curso, 54 já foram extintas e 16 encontram-se actualmente suspensas. As ações em curso envolvem 86 terras de quilombo, distribuídas em 20 estados". Do total de acções identificadas, 61 foram propostas em defesa dos direitos territoriais das comunidades quilombolas, enquanto 91 acções foram impetradas contra os quilombolas e três são acções discriminatórias[14].

A acção judicial mais importante relativa a este tema, submetida à apreciação do Supremo Tribunal Federal, foi a Acção Directa de Inconstitucionalidade nº 3239[15], de relatoria do Ministro Cesar Peluso. A acção questiona o conteúdo do Decreto Federal nº 4887/2003, que regula a actuação da administração pública para efectivação do direito territorial étnico das comunidades de remanescentes de quilombo. Caso o STF entenda pela inconstitucionalidade do decreto, todos os títulos concedidos aos quilombolas no seu período da sua vigência podem ser revogados[16].

Nesta acção está em jogo o debate sobre a interpretação do direito étnico ao território quilombola estabelecido no artigo nº 68 dos Atos das Disposições Constitucionais Transitórias (ADCT) da Constituição de 1988. Por um lado, a defesa do conceito na perspectiva antropológica e histórica, que pressupõe uma interpretação mais abrangente do termo remanescentes das comunidades

---

[14] Dados de Dezembro de 2010. As acções discriminatórias envolvem as terras das comunidades de Camburi (duas acções) e Caçandoca (uma acção), ambas no estado de São Paulo. Ver http://www.cpisp.org.br/acoes/, acedido em 28 de Dezembro de 2010.

[15] Ver http://www.stf.jus.br/portal/processo/verProcessoAndamento.asp?incidente=2227157.

[16] A acção foi objecto de pedido de vista da Ministra Rosa Weber, após o voto do relator pela inconstitucionalidade do decreto, não tendo continuado o julgamento até o presente (24 de Julho de 2014).

de quilombos como sendo grupos étnicos com relações culturais, económicas, sociais próprias, relacionadas directamente com um território. Por outro lado, o uso do conceito com sentido arqueológico, estagnado no tempo, que interpreta o artigo constitucional de forma restrita, seguindo a definição presente nos dicionários que aponta os quilombos unicamente como espaços de "negros fugidos".

A polémica conceptual acerca da delimitação dos sujeitos da luta jurídica quilombola é reveladora da cruel prática de exclusão contra a qual estes povos têm resistido. Tendo sido historicamente submetidas, no processo de desenvolvimento e expansão do Estado e do capitalismo brasileiros, à reiterada negação e invisibilidade, o reconhecimento dos direitos territoriais das comunidades quilombolas não passa de uma medida mínima de justiça étnico-cultural e histórica.

O campo jurídico de disputa em torno dos conflitos estruturais é muito polarizado. A luta contra-hegemónica pelo reconhecimento de direitos colectivos choca com reacções contrárias, algumas extremamente influentes e poderosas, tanto maiores quanto mais os conflitos incidirem sobre objectos de elevada disputa, como é o caso da terra e dos recursos naturais. Daí que a existência de clivagens e divergências no interior do sistema judicial desempenhe um importante papel na abertura de espaços que permitam uma utilização estratégica do direito por via de uma legalidade contra-hegemónica. A acção do campo contra-hegemónico, ao pressionar as instituições, exerce uma tarefa crucial. Tal actuação requer uma agenda de acção social ampla e variada, que pode ocorrer dentro ou fora dos limites do direito oficial moderno, articulando a mobilização jurídica e a mobilização política, recorrendo a diversas escalas de legalidade (locais, nacionais e globais) ou, ainda, construindo alianças translocais e inclusivamente transnacionais. Num complexo sistema de *feedback*, os protagonistas deste campo podem pressionar o sistema de justiça quer se utilizando da sua legalidade, quer contrariando-a, ao mesmo tempo em que a resposta do sistema pode avançar ou recuar no sentido da transformação sociojurídica que aqui proponho.

Neste contexto, a concretização da revolução democrática da justiça passa a requerer uma dupla vigilância, política e pragmática. A vigilância política tem como pressuposto a consciência de que a legalidade cosmopolita ao combater a exclusão através do uso de ferramentas do sistema hegemónico corre o risco de ser cooptada por ele, legitimar o monopólio da legalidade hegemónica e, assim, afirmar e confirmar exclusões estruturais. Para evitar este risco, a mobilização política, os momentos de confrontação, contestação e rebelião devem ser elementos intrínsecos da legalidade cosmopolita e o seu carácter distintivo deve ser afirmado pelos seus objectivos: dirigir-se aos marginalizados e excluídos do contrato social, atacando as desigualdades estruturais e os danos de natureza sistemática que os vitimizam[17]. A vigilância pragmática, por sua vez, tem como pressuposto uma hermenêutica de suspeição face ao sistema jurídico e judicial exigindo a monitorização frequente das suas reacções e respostas. Esta atenção não só permitirá captar as contradições e as oportunidades que podem favorecer a legalidade cosmopolita, mas também não deixará escapar quaisquer indícios de contra-revolução jurídica.

[17] Neste sentido, Warat assinala a importância do uso transgressor do direito e da actuação do jurista marginal. Numa de suas passagens mais conhecidas, afirma: "Para assumir as bandeiras dos socialmente excluídos os juristas precisam converter-se em operadores marginais do direito. O que não é fácil. Primeiro, porque correm um risco bastante concreto de serem institucionalmente segregados. Segundo, porque lhes será bastante difícil deixar de pensar como membro de sua casta e converter-se em militante do novo. Dizendo-o em outras palavras: os juristas marginais precisam estar em contacto com o totem jurídico sem serem devorados por ele. Eles precisam liberar-se do juridicismo, deixar de ser operadores anestesiados da lei. A estratégia do jurista marginal exige um permanente 'uso transgressor do direito' (que é muito mais que um uso alternativo dele) para buscar a permanente ampliação do espaço do desejo, exercitando o direito à diferença" (Warat, 1995a).

A contra-revolução jurídica

Em alguns países latino-americanos, a ocorrência cada vez mais recorrente de actuações repressivas e criminalizadoras face à actuação dos movimentos sociais [18] por parte dos tribunais, forças policiais e mesmo militares ou militarizadas indiciam um movimento inverso à expansão garantista do poder judicial. Esta reacção pode ser parte da emergência de uma contra-revolução jurídica.

Entendo por contra-revolução jurídica uma forma de activismo judiciário conservador que consiste em neutralizar, por via judicial, muito dos avanços democráticos que foram conquistados ao longo das duas últimas décadas pela via política (e até judicial), quase sempre a partir de novas Constituições. A contra-revolução jurídica não abrange todo o sistema judicial e é muitas vezescontrariada por sectores progressistas. Não estamos perante um movimento concertado, muito menos uma conspiração. É um entendimento tácito entre elites político-económicas e judiciais, criado a partir

---

[18] Veja-se, nesse sentido, notícia veiculada pela Comissão Pastoral da Terra: "(...) em Marabá, três lideranças do MST e do Movimento dos Trabalhadores em Mineradoras (MTM), Eurival Martins Carvalho, Raimundo Benigno e Luiz Salomé, foram condenados ao pagamento de uma multa de R$ 5.200.000,00 (cinco milhões e duzentos mil reais), pela ocupação da Estrada de Ferro Carajás nos meses de Abril e Maio, explicitamente por serem lideranças: "os réus lideraram diversas pessoas na invasão da estrada de ferro e, por esta razão, devem responder pela totalidade dos danos causados, como também arcar com a multa imposta caso a turbação ocorresse" diz a sentença. Em Alagoas, ex-coordenadores do Movimento Terra, Trabalho e Liberdade (MTL), os irmãos Valdemir Augustinho de Souza e Ivandeje Maria de Souza, a "Vanda", foram condenados a 24 anos de prisão pelos crimes de formação de quadrilha, dano ao património, roubo qualificado e extorsão. O magistrado considerou que eles comandaram, em Junho de 2001, a "invasão" de 300 sem-terra à sede da Usina Conceição do Peixe, causando um prejuízo aproximado de R$ 200 mil. Mas o que mais provocou perplexidade, em 2008, foi a acção do Ministério Público do Estado do Rio Grande do Sul. Dessa instituição, a quem cabe a defesa dos direitos individuais e colectivos, partiu o ataque mais violento e virulento aos movimentos do campo, em particular contra o MST, chegando a propor a dissolução do movimento e a decretação de sua ilegalidade".

de decisões judiciais concretas, em que as primeiras entendem ler sinais de que as segundas as encorajam a ser mais activas, sinais que, por sua vez, colocam os sectores judiciais progressistas em posição defensiva. Cobre um vasto leque de temas que têm em comum referirem-se a conflitos individuais directamente vinculados a conflitos colectivos sobre distribuição de poder e de recursos na sociedade, sobre concepções de democracia e visões de país e de identidade nacional.

A contra-revolução jurídica exige uma efectiva convergência entre elites e não é claro que esteja plenamente consolidada nem no Brasil nem em Portugal. Há apenas sinais, nalguns casos perturbadores, noutros revelando que está tudo em aberto. Se é verdade que há bons argumentos de direito ordinário, constitucional e internacional que podem bloquear a contra-revolução jurídica, é também consabido que o cemitério judicial está juncado de bons argumentos.

Em Portugal, está instalado um conflito entre o Governo e o Tribunal Constitucional, que já levou a declaração de inconstitucionalidade de alguns itens dos três últimos orçamentos de Estado. No Brasil, um exemplo de sinal contrário é a decisão do Supremo Tribunal Federal no julgamento da Acção de Descumprimento de Preceito Fundamental nº 153, impetrada pela OAB, com o pedido de que a amnistia concedida aos crimes políticos ou conexos cometidos durante a ditadura militar não fosse estendida aos crimes comuns praticados pelos agentes da repressão contra opositores políticos, durante o regime militar[19]. A decisão do STF

---

[19] Promulgada durante a ditadura militar, a lei de amnistia política (Lei nº 6.683, de 28 de agosto de 1979), estabelecia: Art. 1º É concedida amnistia a todos quantos, no período compreendido entre 02 de Setembro de 1961 e 15 de agosto de 1979, cometeram crimes políticos ou conexo com estes, crimes eleitorais, aos que tiveram seus direitos políticos suspensos e aos servidores da Administração Directa e Indirecta, de fundações vinculadas ao poder público, aos Servidores dos Poderes Legislativo e Judiciário, aos Militares e aos dirigentes e representantes sindicais, punidos com

veio na contramão das conquistas do movimento de justiça transicional latino-americano. A decisão representa um recuo porque trivializa a tortura e as execuções extrajudiciais que, não obstante, continuam a ser exercidas contra as populações pobres e a atingir advogados populares e de movimentos sociais.

O velho e o novo pluralismo jurídico

Até ao momento centrei-me na análise das disjunções e alternativas que têm convertido o sistema jurídico e judicial num campo de acção heterogéneo. As tensões entre o campo hegemónico e o campo contra-hegemónico – à escala nacional, entre os decisores políticos, profissionais do direito, organizações, movimentos sociais e cidadãos – convertem o campo jurídico e judicial num terreno de disputas e de experimentação institucional. Ainda que sob a égide de um sistema jurídico visto como unívoco e totalizante, as alternativas ensaiadas inauguram espaços de alteridade nas formas de pensar, reproduzir e praticar o(s) direito(s).

Esta diversidade sociojurídica opera transformações de diferentes dimensões. No âmbito epistemológico, o direito cientificizado, privilégio de poucos especialistas, é depurado por um novo senso comum jurídico. O carácter elitista do direito em sua concepção e prática hegemónicas e o seu papel como mecanismo de domina-

fundamento em Atos Institucionais e Complementares. § 1º Consideram-se conexos, para efeito deste artigo, os crimes de qualquer natureza relacionados com crimes políticos ou praticados por motivação política. Os efeitos da lei alcançaram não só os militantes políticos de oposição criminalizados pelo regime militar mas também os próprios militares. Actualmente o movimento de memória verdade e justiça no Brasil tem questionada a protecção que a lei conferiu aos militares que praticaram crime de tortura contra os militantes de oposição. O STF entendeu ser impossível restringir a aplicação da Lei de Amnistia Política. Em recente decisão do caso Gomes Lund e outros *vs.* Brasil, a Corte Interamericana de Direitos Humanos entendeu que as disposições da Lei de Amnistia que impedem a investigação e sanção de graves violações de direitos humanos são incompatíveis com a Convenção Americana e carecem de efeitos jurídicos.

ção de classes, de diferenciação, hierarquização e exclusão social é submetido a profunda crítica. A suposta neutralidade da ciência e prática jurídicas é posta em causa e confrontada com uma concepção política do direito que vê neste um importante instrumento de luta e de transformação social. No âmbito normativo, o direito dogmático é reinterpretado à luz de critérios amplos de justiça social, muitas vezes consagrados nas Constituições mas quase sempre letra morta. Tal reinterpretação permite ampliar direitos e sobretudo o direito a ter direitos. A experimentação social com concepções alternativas do exercício do(s) direito(s) e da cidadania que actualmente se vive em muitos países do sul global, do qual o Brasil e outros países da América Latina são exemplos importantes, tem contribuído decisiva e criativamente para a renovação da teoria crítica do direito.

Uma das expressões mais incisivas do pensamento jurídico crítico é a contestação da exclusividade do direito estatal e a defesa da existência de uma pluralidade de ordens jurídicas no interior do mesmo espaço geopolítico. A concepção moderna de direito enquanto direito do Estado levou a uma grande perda de experiência e da prática jurídica e legitimou um "juricídio" massivo, isto é, a destruição de práticas e concepções jurídicas que não se ajustavam ao *canon* jurídico modernista. De um ponto de vista sociológico, as sociedades são jurídica e judicialmente plurais, circulam nelas vários sistemas jurídicos e judiciais e o sistema jurídico estatal nem sempre é, sequer, o mais importante na gestão normativa do quotidiano da grande maioria dos cidadãos.

Na sociologia do direito, os estudos do pluralismo jurídico[20] têm assumido diferentes conotações políticas e epistemológicas. No âmbito latino-americano, o pluralismo jurídico crítico começou

---

[20] Sobre pluralismo jurídico no Brasil, ver Santos, 1974, 1979, 1995 e 2002; na Colômbia, Santos e Garcia-Villegas, 2001 em Moçambique, Santos e Trindade, 2003 e Meneses, 2009, 2006 e 2004.

por ser o resultado da realização de estudos empíricos que visaram demonstrar a existência de pluralismo jurídico em sociedades pós-coloniais, ao contrário do que a dogmática jurídica e a sociologia do direito convencionais pretendiam. O meu estudo sobre a construção da legalidade em Pasárgada, o nome fictício de uma favela do Rio de Janeiro, foi um dos primeiros exemplos desta corrente analítica crítica[21]. Mais recentemente, a mobilização social e política dos movimentos indígenas e afrodescendentes conduziu a mudanças constitucionais que vieram consagrar a existência de pluralismo jurídico nos âmbitos mais vastos do Estado plurinacional e da cidadania multiétnica.

Numa revisão da literatura sobre o tema, Sally Merry[22] distingue dois períodos analíticos: (1) o pluralismo jurídico clássico e (2) o novo pluralismo jurídico. O pluralismo jurídico clássico refere-se aos estudos empíricos aplicados às sociedades coloniais em que se verifica a autonomia e intersecção entre duas ordens jurídicas distintas: o direito nativo ou indígena e o direito do colonizador. Neste caso, é explícita a vigência, num mesmo espaço geopolítico, do direito do Estado colonizador e dos direitos tradicionais[23].

O novo pluralismo jurídico, por sua vez, refere-se à aplicação do conceito a sociedades urbanas industrializadas. Esta perspectiva analítica reivindica uma mudança de orientação epistemológica: a relação entre o sistema jurídico estatal e as outras ordens jurídicas já não são vistas como ordens separadas e culturalmente diferentes. O pluralismo jurídico é assim entendido como parte do campo social, integrando uma complexa relação interactiva entre diferentes ordens normativas.

Enquanto os estudos clássicos sobre o pluralismo jurídico puderam desfrutar de alguma facilidade analítica e de investiga-

---

[21] Investigação realizada em 1970. Ver Santos, 2014.
[22] Ver Merry, 1988.
[23] Santos, 1979.

ção optando por um estrutura conceptual que isolasse as ordens jurídicas do colonizador e do colonizado, os novos estudos sobre pluralismo jurídico debruçam-se sobre uma teia de legalidades entrelaçadas. Num contexto pós-colonial, de democratização, ampliação das demandas populares e activismo social por direitos, os estudos sobre o pluralismo jurídico passam a lidar com realidades mais complexas, afastando-se cada vez mais dos recursos analíticos do pluralismo jurídico clássico. Este novo contexto exige a reflexão sobre novas categorias de classificação para a teia normativa da regulação social. Os estudos que tenho desenvolvido em diferentes países apontam para a importância de conceitos elásticos que permitam captar não só o contexto de pluralidade jurídica mas também a sua relação com as transformações sociais e da cultura política, como são os conceitos de Estado heterogéneo, palimpsesto de culturas jurídicas e políticas, hibridação jurídica e interlegalidade[24].

Na actualidade, as transformações políticas e institucionais em curso na América Latina, em especial na Bolívia e no Equador, colocam em pauta a emergência de um terceiro conjunto de estudos sobre o pluralismo jurídico, a que chamarei *novíssimo pluralismo jurídico*. O novíssimo pluralismo jurídico é dinamizado no âmbito do que denominei constitucionalismo transformador. A vontade constituinte das classes populares nas últimas décadas no continente latino-americano tem-se manifestado numa vasta mobilização social e política que configura um constitucionalismo a

---

[24] Ver Santos e Trindade, 2003. Veja-se o caso de Moçambique em que a pluralidade jurídica é uma manifestação complexa da sucessão e sobreposição de diferentes culturas jurídico-políticas. Como demonstra Meneses (2009), os debates sobre o direito em Moçambique, como em muitos outros lugares do continente africano, têm gerido o legado do Estado colonial com o confronto entre o direito costumeiro e as ambições de modernização do Estado pós-independência, envolvendo o conflito, a sobreposição e a conjugação de diferentes culturas de regulação social (europeia, indígena e islâmica).

partir de baixo, protagonizado pelos excluídos e seus aliados, com o objectivo de expandir o campo do político para além horizonte liberal, através de uma nova institucionalidade (plurinacionalidade), uma nova territorialidade (autonomias assimétricas), uma nova legalidade (pluralismo jurídico), um novo regime político (democracia intercultural) e novas subjectividades individuais e colectivas (indivíduos, comunidades, nações, povos, nacionalidades)[25].

Esta nova institucionalidade põe em causa a simetria liberal moderna em que todo o Estado é de direito e todo o direito é do Estado. O constitucionalismo transformador rompe com este paradigma ao estabelecer que a unidade do sistema jurídico não equivale a sua uniformidade. No marco da plurinacionalidade, o reconhecimento constitucional de um direito indígena ancestral – já presente em vários países do continente – adquire um sentido ainda mais forte pois é uma dimensão central não só do multiculturalismo, mas também de autogoverno das comunidades indígenas. Os dois ou três sistemas jurídicos – indocêntrico, eurocêntrico e, em alguns países ou situações, afrocêntrico – são relativamente autónomos entre si, mas sobretudo intercomunicam-se, e as relações entre eles constituem um desafio exigente. Depois de dois séculos de uniformidade jurídica, não será fácil para os cidadãos, organizações sociais, decisores políticos, serviços públicos, advogados e juízes adoptar um conceito direito mais amplo que, ao reconhecer a pluralidade de ordens jurídicas, permita desconectar parcialmente o direito do Estado e reconectá-lo com a vida e a cultura dos povos. Estarão presentes e em conflito dois tipos de legalidade: a legalidade demoliberal e a legalidade cosmopolita[26].

---

[25] Refiro-me especialmente aos processos constitucionais do Equador (2008) e da Bolívia (2009). Neste sentido, ver o meu livro mais recente dedicado à análise comparada dos processos político-constitucionais em curso nestes dois países, em que enfatizo não só as virtualidades mas também as dificuldades de construção do constitucionalismo transformador (Santos, 2010).

[26] Ver Santos, 2009.

Este movimento não avança linearmente, assumindo ritmos diferentes nos vários países latino-americanos. No Brasil, por exemplo, verifica-se uma lenta evolução do reconhecimento do direito indígena e do pluralismo jurídico. Só com a Constituição de 1988, foi possível romper com o paradigma da integração do índio à sociedade nacional, mediante o reconhecimento do pluralismo jurídico indígena,[27] assente no princípio de respeito à diversidade étnico-cultural dos povos indígenas. Outro passo significativo foi dado com a promulgação da Convenção 169 da Organização Internacional do Trabalho sobre povos indígenas e tribais[28]. A Constituição reconhece o pluralismo jurídico indígena na medida em que reconhece aos povos indígenas a sua organização social, costumes, línguas, crenças e tradições, e os direitos originários sobre as terras que tradicionalmente ocupam. Contudo, como afirma Lacerda, o reconhecimento do pluralismo jurídico só excepcionalmente tem repercutido de modo favorável aos indígenas relativamente a medidas concretas adoptadas pelo poder público (2009: 468-471).

Efectivamente e sem colocar em causa a importância garantista das transformações trazidas pelo reconhecimento constitucional dos direitos ancestrais indígenas nesta matéria, há um atraso chocante do Brasil em relação ao que se passa actualmente no continente. Em contraposição a mudanças constitucionais como as vivenciadas na Bolívia e no Equador em que, com base num constitucionalismo transformador, têm-se consagrado o carácter

---

[27] O Estatuto do Índio (Lei nº 6.001/1973, de 19 de Dezembro), de forma tímida, deu alguns passos no sentido do reconhecimento do direito indígena, em matéria cível e penal, como, por exemplo, o direito ao nome, prenome e filiação conforme as tradições culturais ou, ainda, a tolerância face à aplicação de sanções penais ou disciplinares de acordo com as instituições próprias do direito indígena e desde que não revestissem carácter cruel e infamante (Lacerda, 2009: 468-471).

[28] A convenção reconhece a possibilidade de aplicação do direito indígena na regulação das suas relações sociais, em matéria cível e penal, a ser compatibilizada, contudo, com os direitos fundamentais reconhecidos no âmbito de cada país.

plurinacional e pluriétnico do Estado, no Brasil, os povos indígenas ainda enfrentam sérias dificuldades em verem reconhecida a sua plena capacidade jurídica[29]. Reconhecem-se direitos territoriais, mas não são reconhecidos direitos políticos autónomos. Trata-se de um reconhecimento do pluralismo jurídico indígena mais limitado do que o que vigora na Colômbia[30], na Bolívia, no Equador, e mesmo no Peru[31]. É urgente um reconhecimento mais amplo, como aconteceu na Colômbia, um país onde a população indígena é igualmente muito minoritária. Este pluralismo jurídico intercultural é fundamental para dar voz a estas lutas. E, se levada a sério, esta política de reconhecimento levará, a prazo, ao fim da FUNAI. Isto é, se esta política tiver êxito, a FUNAI será uma instituição obsoleta, precisamente porque é uma instituição de tutela de "menores", de gente com menor capacidade jurídico-política.

As soluções ensaiadas no âmbito do reconhecimento do pluralismo jurídico, político e cultural latino-americano assumem um interesse cada vez mais acentuado numa Europa progressivamente mais diversa no plano cultural. Neste contexto, a afirmação do projecto político europeu está condicionada não só pela necessidade de abarcar a multiplicidade de diferentes cidadãos europeus, mas também a diversidade de cidadãos não-europeus a viver na Europa. Uma potencial democracia europeia teria de partir do

---

[29] "... após o advento da Carta de 1988, a literatura jurídica (principalmente a doutrina civilista) continuou analisando a questão da tutela indigenista a partir do paradigma integracionista presente na Lei 6001/73 – O Estatuto do Índio. Também no âmbito do Executivo (tanto na FUNAI como nos demais órgãos e instituições que se relacionam com a questão indígena) ainda são grandes as resistências contra a mudança de paradigma, mantendo-se muitas práticas integracionistas, fundadas na relação de dominação proporcionada pela ideia de tutela." (Lacerda, 2009: 559).
[30] Ver Santos e García-Villegas (orgs.), 2001.
[31] Ver Brandt e Franco Valdivia, 2006.

reconhecimento da pluralidade cultural que subjaz às diferentes compreensões do princípio de dignidade humana que co-existem na Europa de hoje. Por essa razão, a revolução democrática do direito e da justiça exige a proposição de um novo campo de estudos e propostas de teoria política, jurídica e social europeias de forma a atender a uma re-construção intercultural do (s) direito(s), com recurso a conceitos como a ecologia de saberes jurídicos e a tradução intercultural com vista à construção de políticas públicas verdadeiramente democráticas.

Os tribunais e os media
Não se pode analisar hoje o papel dos tribunais na transformação sem ter em conta a relação entre eles e os meios de comunicação social. Referi acima que o novo protagonismo judiciário decorrente de uma judicialização dos conflitos políticos não pode deixar de traduzir-se na politização dos conflitos judiciários. Mas é óbvio que nenhuma destas transformações sociais teriam retirado os tribunais da obscuridade e do silêncio a que desde sempre estiveram remetidos se, entretanto, não tivessem ocorrido mudanças profundas, tanto técnicas, como políticas, no domínio das tecnologias de informação e de comunicação. Foi no bojo da expansão desta indústria que os tribunais se transformaram, quase de repente, num conteúdo apetecível. A plácida obscuridade dos processos judiciais deu lugar à trepidante ribalta dos dramas judiciais.

As disjunções entre a lógica da acção mediática e a lógica da acção judicial são conhecidas. Dessas disjunções decorrem perigos para a integridade do sistema judicial enquanto sistema autónomo de acção. As disjunções ocorrem a vários níveis. Ao nível dos tempos, entre os tempos instantâneos da comunicação social e os tempos processuais que, em confronto com os primeiros, surgem ainda mais lentos do que o que são. Ao nível das gramáticas discursivas codificadoras do relato dos factos e da distribuição das responsabilidades. A adjudicação judicial moderna tem como característica saliente criar dicotomias drásticas entre ganhadores e perdedores, mas só depois de aturados e prolongados procedimentos de contraditório e provas convincentes. A comunicação social partilha com os tribunais a primeira característica mas não a segunda. A primeira cria até uma cumplicidade entre tribunais e os media que nem sempre é matizada pelas diferenças enormes que os dividem quanto à segunda característica. A cumplicidade ocorre ainda a outro nível: os processos judiciais tiveram sempre o potencial de se transformarem em dramas. Trata-se, porém, de um teatro para um auditório muito selecto, um teatro de culto profissional. Hoje, os meios de comunicação social, sobretudo a televisão, transformam esse teatro de culto num teatro de boulevard, espectáculo, como entretenimento segundo uma linguagem directa e acessível a grandes massas.

Num contexto de crescente poder dos media, estas disjunções tendem a ser exploradas a seu favor. Acresce que, como os tribunais sempre se opuseram a ter por detrás de si "o povo", ficam desarmados perante um adversário que traz consigo um povo muito curioso, talvez ressentido, se não mesmo, sedento de vingança.

Destaco, ainda, o problema dos julgamentos paralelos realizados pelos meios de comunicação social, considerando que a investigação jornalística pode ajudar a investigação judicial, mas também pode provocar erros ou desvios que podem resultar quer da intenção das, fontes mediáticas, quer do modo imprevisível como a notícia se reflectiu negativamente na investigação e na fiabilidade das provas, por exemplo, através dos efeitos da mediatização nas testemunhas, podendo levar à produção de reflexos de autocensura ou de vedetismo. Acresce o sempre presente perigo da feitura de justiça à medida da "opinião pública".

Os tribunais sempre foram o órgão de soberania mais débil, por duas razões principais: porque sempre careceram de cooperação dos outros órgãos de soberania para fazer executar as suas sentenças e porque sempre dispensaram a obtenção de meios eficazes de comunicação com o público. Daqui decorre a nova vulnerabilidade e a nova dependência dos tribunais ante a comunicação social. Por um lado, esta granjeia para os tribunais uma nova capacidade para executar autonomamente as suas sentenças. Trata-se de uma execução simbólica que permite criar a imagem do réu preso, de facto, um réu em liberdade preso a um discurso mediático de prisão merecida. Por outro lado, destrói a comunicação simbólica dos tribunais com o público, substituindo-a por uma comunicação pretensamente descritiva e próxima, desprovida de nuances, interessada no que se passou, por culpa de quem. Isto significa que, embora se recomende a melhoria da comunicação autónoma dos tribunais com o público, é bem possível que a socialização mediática dos cidadãos faça com que estes não consigam reconhecer essa comunicação e continuem a reclamar uma outra, a dos meios de comunicação social. Ou seja, o risco da mediatização da justiça é uma justiça incomunicável nos seus próprios termos.

Há que construir uma relação mais virtuosa entre a justiça e a comunicação social. É preciso desenvolver um programa de conhecimento recíproco, que permita impedir a perda de legitimidade, tanto dos tribunais como da comunicação social. A potencial conflitualidade e incomunicação entre os tribunais e a comunicação social têm raízes profundas. Assenta em práticas discursivas distintas e objectivos e culturas profissionais diferentes. É preciso partir do conhecimento destas diferenças para desenhar plataformas de cooperação entre tribunais e media. Numa sociedade info-democrática, a administração da justiça será tanto mais legitimada pelos cidadãos quanto mais conhecida e reconhecida for por eles. Os tribunais e a comunicação social são essenciais para o aprofundamento da democracia, pelo que é fundamental estabelecer formas de coabitação no mesmo espaço social. Tal aproximação poderá fomentar programas de cunho pedagógico, debates sobre temas jurídicos importantes para a sociedade e diálogos entre os órgãos da justiça e os vários actores sociais.

A cultura jurídica e a independência judicial

A independência judicial é um dos bens preciosos das sociedades democráticas e ela que permite discutir o papel dos tribunais na transformação social. Só que, infelizmente, em muitos países, ela se transformou numa independência corporativa. E a independência corporativa é um boicote à independência judicial democrática. A independência judicial foi criada para que o tribunal possa defender os interesses democráticos dos cidadãos, não os interesses de uma classe. Para isso há outros mecanismos, há sindicatos, há associações. Ao contrário do que se pensa em alguns meios judiciários, a independência judicial democrática pode exigir o controlo externo do poder judicial. No Observatório Permanente da Justiça Portuguesa, do Centro de Estudos Sociais da Universidade de Coimbra, realizámos dois inquéritos à opinião pública com um intervalo de dez anos sobre o que pensam os cidadãos do sistema judicial português. Em dez anos, as opiniões negativas continuam a dominar as opiniões positivas, apesar das reformas. Na verdade, tivemos muitas reformas, mas a cultura jurídica e judiciária não se modificou[32]. Essa é umas das principais razões que levou a que muitas reformas tenham tido efeitos perversos.

Não há reformas que resolvam os problemas se não houver uma cultura judiciária e organizacional que as sustente. No estudo em que avaliamos a implementação da reforma dos códigos penal e de processo penal[33], detectamos que, em muitas medidas introduzidas com a reforma, os bloqueios culturais erigiram-se como principais obstáculos à sua aplicação. Estes bloqueios surgiram, precisamente, naqueles institutos em que o legislador conferiu ao aplicador da lei um maior grau de determinação e conformação ao caso concreto, permitindo-lhe optar por caminhos diferentes. Reporto-me aqui concretamente à aplicação dos institutos de

---

[32] Ver Santos, 2004.
[33] Ver Santos e Gomes (coords.), 2009a.

consensualização e celeridade e à aplicação de penas não privativas da liberdade. Foi sobretudo nestes casos que a reforma, por si só, não teve a capacidade incutir nos operadores uma atitude de maior utilização das medidas que se pretendeu potenciar, o que, por sua vez, está intimamente relacionado com as rotinas, a praxis diária e as percepções dos aplicadores da lei em relação a esta. Na ausência de adaptação organizacional, de preparação e de formação prévia à reforma, a probabilidade do seu sucesso é pequena.

Um contexto organizacional resistente à mudança é igualmente um contexto de isolamento e relutância face a opiniões e críticas externas. No caso dos tribunais, a falta de uma nova cultura jurídica e organizacional pode levar ao progressivo isolamento social. Se tal for o caso, cria-se uma grave disjunção entre os propósitos de aperfeiçoamento da justiça e seus destinatários finais, os cidadãos. Pelo contrário, o objectivo deveria ser a criação de uma cultura jurídica que levasse os cidadãos a sentirem-se mais próximos da justiça. Mas não haverá justiça mais próxima dos cidadãos, se os cidadãos não se sentirem mais próximos da justiça.

CONCLUSÃO

A revolução democrática da justiça que aqui propus é uma tarefa muito exigente, tão exigente quanto esta ideia simples e afinal tão revolucionária: sem direitos de cidadania efectivos a democracia é uma ditadura mal disfarçada.

BIBLIOGRAFIA

Arantes, Rogério Bastos. 1997. *Judiciário e política no Brasil*. São Paulo: Idesp: Editora Sumaré, Fapesp: Educ.

Avritzer, Leonardo; Bignotto, Newton; Guimarães, Juarez e Starling, Heloisa Maria Murgel (orgs.). 2008. *Corrupção. Ensaios e críticas*. Belo Horizonte: Editora UFMG.

Azevedo, Rodrigo Ghiringhelli. 2001. "Juizados especiais criminais: Uma abordagem sociológica sobre a informalização da justiça penal no Brasil", *Revista Brasileira de Ciências Sociais*, Vol. 16, nº 47, Outubro.

Bickel, Alexander M. 1986. *The Least Dangerous Branch*. New Haven: Yale University Press.

Bochenek, Antônio César. 2004. *Competência cível da Justiça Federal e dos Juizados Especiais Cíveis*. São Paulo: Editora Revista dos Tribunais.

Borges, Danielle da Costa Leite e Ugá, Maria Alicia Dominguez. 2010. "Conflitos e impasses da judicialização na obtenção de medicamentos: as decisões de 1a instância nas ações individuais contra o Estado do Rio de Janeiro, Brasil, em 2005". *Cad. Saúde Pública* 26 (1): 59-69.

Brandt, Hans-Jürgen e Franco Valdivia, Rocío. 2006. *Justicia comunitaria en los andes: Perú y Ecuador. El tratamiento de conflictos: un estudio de actas en 133 comunidades indígenas y campesinas en Ecuador y Perú*. Lima: Instituto de Defensa Legal.

Burgos Silva, Germán. 2009. *Estado de derecho y globalización. El papel del Banco Mundial y las reformas institucionales en América Latina*. Bogotá: Instituto Latinoamericano de Servicios Alternativos Legales.

Burki, Shahid Javed. 1995. "Economic Development and Judicial Reform". Rowat, Malcolm; Malik, Waleed H. e Dakolias, Maria (orgs.), *Judicial reform in Latin America and the Caribbean: Proceedings of a World Bank Conference*. Washington: The World Bank.

Campilongo, Celso Fernandes. 2000. "Assistência jurídica e advocacia popular: Serviços jurídicos em São Bernardo do Campo". *O direito na sociedade complexa*. São Paulo: Max Limonad.

Campilongo, Celso Fernandes. 2002. *Política, sistema jurídico e decisão judicial*. São Paulo: Max Limonad.

Campilongo, Celso Fernandes. 2004. *O direito na sociedade complexa*. São Paulo: Max Limonad.

Canotilho, José Joaquim Gomes. 2004. "Formação de Magistrados ou Formação de Juristas?". *Modelos de Formação e Carreiras Judiciárias*. Lisboa: Sindicato dos Magistrados do Ministério Público.

Carlet, Flávia. 2010. *Advocacia popular: práticas jurídicas e sociais no acesso ao direito e à justiça dos movimentos sociais de luta pela terra*. Brasília: Faculdade de Direito da Universidade de Brasília. Dissertação de Mestrado.

Carmo, Rui do. 2001. "A Formação de magistrados em Portugal Perspectivas". *Colóquio Formação de Magistrados e Cidadania*. Ministério da Justiça; CEJ; GAM; GPLP.

Carmo, Rui do. 2004. "Formação de Magistrados – Algumas reflexões à luz da realidade portuguesa". *Informação Justiça Boletim do Sindicato dos Magistrados do Ministério Público*, nºs 165-166 (Abril-Maio e Junho-Julho). Lisboa: SMMP.

Cappelletti, M.; Garth, B. (orgs.). 1978. *Access to Justice: a World Survey*. Alphen aan den Rijn: Sijthoff and Noorhoff.

Centro de Estudios de Justicia de las Américas. 2004. *Sistema judicial y racismo contra afrodescendientes: Brasil, Colombia, Perú y República Dominicana: observaciones finales y recomendaciones*. Chile: Centro de Estudios de Justicia de las Américas.

CIMI. 2009. *A violência contra os povos indígenas no Brasil*. Brasília: Conselho Indigenista Missionário.

Cunha, Luciana Gross. 2007. *Juizado Especial: criação, instalação e funcionamento e a democratização do acesso à justiça*. São Paulo: Editora Revista dos Tribunais.

Demolin, Brulard, Barthelemy – HOCHE – e Commission Europeenne – DG for Justice, Freedom and Security. 2006. Study on the Transparency of Costs of Civil Judicial Proceedings in the European Union. Final Report.

Dias, João Paulo; Fernando, Paula; Lima, Teresa Maneca. 2008. "O Ministério Público em Portugal". Dias, João Paulo e Azevedo, Rodrigo Ghiringhelli (orgs.). *O papel do Ministério Público: estudo comparado dos países latino-americanos*. Coimbra: Almedina.

Dias, Maria Berenice. 2000. *União Homossexual, o Preconceito e a Justiça*. Porto Alegre: Livraria do Advogado.

Duarte, Madalena. 2011. *Movimentos na Justiça – o direito e o movimento ambientalista em Portugal*. Coimbra: Almedina.

Épineuse, Harold. 2008. *Évolution de la formation des magistrats en France et en Europe Bilan et perspectives*. L'Institut des Hautes Études sur la Justice.

Falcão, Joaquim Arruda. 2007 "O futuro é plural: administração da justiça no Brasil". *Revista da USP*, 74: 22-35.

Faria, José Eduardo. 1989. *Direito e justiça: a função social do judiciário*. São Paulo: Ática.

Faria, José Eduardo. 1991. *Justiça e conflito: os juízes em face dos novos movimentos sociais*. São Paulo: Revista dos Tribunais.

Faria, José Eduardo. 1994. *Direitos humanos, direitos sociais e justiça*. São Paulo: Malheiros.

Faria, José Eduardo. 1999. *O direito na economia globalizada*. São Paulo: Malheiros.

Félix, Loussia P. Musse. 2001. "Da Reinvenção do Ensino Jurídico – Considerações sobre a Primeira Década". *Comissão de Ensino Jurídico: OAB Recomenda – Um Retrato dos Cursos Jurídico*. Brasília: Conselho Federal da OAB.

Freire, Paulo. 1987. *Pedagogia do oprimido*. Rio de Janeiro: Paz e Terra.

Gebran Neto, João Pedro. 1995. *Escola da magistratura e formação do juiz*. Brasília: CEJ.

Guarnieri, Carlo; Pederzoli, Patrizia. 1996. *La Puissance de Juger – Povoir judiciaire et démocratie*. Éditions Michalon.

Houtzager, Peter. 2007. "El Movimiento de los Sin Tierra, el campo jurídico y el cambio legal en Brasil". Santos, Boaventura de Sousa e Rodriguez-Garavito, César. *El derecho y la globalización desde abajo. Hacia una legalidad cosmopolita*. Barcelona: Anthropos e Universidad Autónoma Metropolitana, Unidad Cuajimalpa, Mexico.

IPEA, 2010. O *Sistema de Indicadores de Percepção Social (SIPS)*. Brasília: Instituto de Pesquisa Económica Aplicada.

Koerner, Andrei. 2003. "Qual judiciário para a democracia brasileira?" *Revista da AJUFE*, ano 21, nº 75/76.

Kelly Kotlinski *et al.* 2007. *Legislação e Jurisprudência LGBTT*. Brasília: Letras Livres.

Kessler, Gladys; Finkelstein, Linda J. 1988. "The evolution of a multi-door courthouse". *Catholic University Law Review*, 577.

Lacerda, Rosane. 2009. *Diferença não é incapacidade. O mito da tutela indígena*. São Paulo: Baraúna.

Lauris, Élida. 2010. "Entre o social e o político: a luta pela definição do modelo de acesso à justiça em São Paulo". *Revista Crítica de Ciências Sociais*, nº 87.

Lauris, Élida e Fernando, Paula. 2010. "A dupla face de Janus: as reformas da justiça e a Lei Tutelar Educativa", *Julgar*, 11: 135-146.

Lavigne, Rosane Maria Reis. 2009. "Lei Maria da Penha: o movimento de mulheres chega ao poder judiciário". Cunha, José Ricardo (org.). *Poder judiciário e direitos humanos no Brasil: federalização, lei Maria da Penha e juizados especiais federais*. Rio de Janeiro: Escola de Direito do Rio de Janeiro da Fundação Getúlio Vargas.

Luz, Vladimir de Carvalho. 2006. "Servicios legales universitarios en Brasil: Breve cotejo de dos paradigmas". *El otro derecho*, 35: 281--297.

Luz, Vladimir de Carvalho. 2008. *Assessoria Jurídica Popular no Brasil*. Rio de Janeiro: Lumen Juris.

Marques, Maria Manuel *et al.* 2000. *O endividamento dos consumidores*. Coimbra: Almedina.

Marson, James. 2005. The necessity of clinical legal education in university law schools: A UK Perspective. *International Journal of Clinical Legal Education*.

Meneses, Maria Paula. 2004. "Toward inter-legality? Traditional Healers and the Law in Post-Colonial Mozambique". *Beyond Law*, 30.

Meneses, Maria Paula. 2006. "Traditional Authorities in Mozambique: between Legitimization and Legitimacy". Hinz, Manfred (org.). *The Shade of new leaves – governance in traditional authorities. A Southern African perspective.* Berlin: Lit: 93-119.

Meneses, Maria Paula. 2009. "The complex path of law in Mozambique: Mapping the Plurality". Hinz, Manfred (org.), *Traditional and informal justice systems.* Berlin: Verlag.

Merry, Sally. 1988. Legal Pluralism. *Law and Society Review*, 22: 869-896.

Nelken, David. 2004. "Using the Concept of Legal Culture", *29 Australian Journal of Legal Philosophy*, 1-28.

Nunes, João Arriscado. 2010. "Saúde, Direito à Saúde e Justiça Sanitária". *Revista Crítica de Ciências Socias*, nº 87.

Oberto, Giacomo. 2003. *Recrutement et formation dês magistrats en Europe – Etude Comparative.* Edition du Conseil de l'Europe.

Pedroso, João *et al.*, 2001. *Percursos da informalização e da desjudicialização. Relatório do Observatório Permanente da Justiça Portuguesa.* Coimbra: Centro de Estudos Sociais.

PNAD. 2010. *Pesquisa nacional por amostra de domicílios 2009 - Características da vitimização e do acesso à justiça no Brasil.* IBGE.

PNUD. 2010. *Human Development Report 2010 - 20th Anniversary. The Real Wealth of Nations: Pathways to Human Development.* PNUD.

Reis, Gustavo Soares. 2008. "A importância da Defensoria Pública em um Estado democrático e social de direito". *Revista Brasileira de Ciências Criminais*, 72.

Rios, Roger Raupp. 2002. *Princípio da igualdade e a discriminação por orientação sexual. A Homossexualidade no Direito Brasileiro e Norte-Americano.* São Paulo: Editora Revista dos Tribunais.

Rodrigues, Cunha. 2009. *Recado a Penélope.* Lisboa: Sextante Editora, LTDA.

Sá e Silva, Fábio Costa Morais. 2007. *Ensino Jurídico. A Descoberta de Novos Saberes para a Democratização do Direito e da Sociedade.* Porto Alegre: Sergio Antonio Fabris Editor.

Sadek, Maria Tereza (org.). 2001. *A reforma do judiciário*. São Paulo: Fundação Konrad Adenauer.

Santos, Boaventura de Sousa. 1974. *Law against Law: Legal Reasoning in Pasargada Law*. Cuernavaca: Centro Intercultural de Documentacion.

Santos, Boaventura de Sousa. 1977. "The Law of the Oppressed: The Construction and Reproduction of Legality in Pasargada Law". *Law and Society Review*, 12: 5-126.

Santos, Boaventura de Sousa. 1979. "O discurso e o poder: Ensaio sobre a sociologia da retórica jurídica". *Separata do número especial do Boletim da Faculdade de Direito de Coimbra – Estudos em homenagem ao Prof. Doutor José Joaquim Teixeira Ribeiro*.

Santos, Boaventura de Sousa. 1983. "Os conflitos urbanos no Recife: O caso do Skylab." *Revista Crítica de Ciências Sociais*, 11, 9-59.

SSantos, Boaventura de Sousa. 1987. "Introdução à Sociaologia da Administração da Justiça". *Revista Crítica de Ciências Sociais*, 21, 11-37.

Santos, Boaventura de Sousa. 1995. *Toward a New Common Sense. Law, Science and Politics in the Paradigmatic Transition*. Nova Iorque: Routledge.

Santos, Boaventura de Sousa. 1996. "Por uma pedagogia do conflito". Silva, Luiz Heron da *et al.*, *Novos mapas culturais, novas perspectivas educacionais*. Porto Alegre: Salina.

Santos, Boaventura de Sousa. 2000a. "Que formação para os magistrados nos dias de hoje". *Revista do Ministério Público*, nº 82: 7-26.

Santos, Boaventura de Sousa. 2000b. *A crítica da razão indolente: Contra o desperdício da ciência*. Porto: Afrontamento.

Santos, Boaventura de Sousa. 2001. "El significado político y jurídico de la jurisdicción indígena". Santos, Boaventura de Sousa; García-Villegas, Mauricio (Org.). *El caleidoscópio de las justicias en Colômbia*. Bogotá: Siglo del Hombre Editores.

Santos, Boaventura de Sousa. 2002. *Toward a New Legal Common Sense*. Londres: Butterworths.

Santos, Boaventura de Sousa. 2003. "Poderá o direito ser emancipatório?". *Revista Crítica de Ciências Sociais*, 65: 3-76.

Santos, Boaventura de Sousa. 2004. *A Universidade no século XXI: Para uma reforma democrática e emancipatória da universidade*. São Paulo: Cortez Editora.
Santos, Boaventura de Sousa. 2005a. "A justiça em Portugal: Diagnósticos e terapêuticas". *Revista Manifesto*, 7: 76-87.
Santos, Boaventura de Sousa. 2005b. *Fórum Social Mundial: Manual de uso*. Porto: Afrontamento.
Santos, Boaventura de Sousa. 2005c. "Two democracies, two legalities. Participatory Budgeting in Porto Alegre Brazil". Santos, Boaventura de Sousa e Rodriguez-Garavito, Cesar. *Law and Globalization From Below*. Cambridge Univ. Press: 310-338.
Santos, Boaventura de Sousa (coord). 2005d. *Inquérito à opinião sobre o funcionamento dos tribunais em Portugal*. Coimbra: Centro de Estudos Sociais/Observatório Permanente da Justiça.
Santos, Boaventura de Sousa. 2006a. *A gramática do tempo: Para uma nova cultura política*. Coimbra: Almedina.
Santos, Boaventura de Sousa (coord). 2006b. O recrutamento e formação de magistrados: análise comparada de sistemas em países da União Europeia. Coimbra: Centro de Estudos Sociais/Observatório Permanente da Justiça Portuguesa.
Santos, Boaventura de Sousa. 2007. "Para além do Pensamento Abissal: Das linhas globais a uma ecologia de saberes". *Revista Crítica de Ciências Sociais*, 78: 3-46.
Santos, Boaventura de Sousa. 2008. "A filosofia à venda, a douta ignorância e a aposta de pascal". *Revista Crítica de Ciências Sociais*, 80: 11-43.
Santos, Boaventura de Sousa. 2009. *Sociología Jurídica Crítica*. Madrid: Editorial Trotta.
Santos, Boaventura de Sousa. 2010. *Refundación del Estado na América Latina. Perspectivas desde una epistemologia del Sur*. Quito: Ediciones Aya--Yala.
Santos, Boaventura de Sousa. 2014. *O Direito dos Oprimidos*. Coimbra: Almedina
Santos, Boaventura de Sousa (coord). 2010. *A indemnização da vida e do corpo na lei e nas decisões judiciais*. Coimbra: Centro de Estudos Sociais.

Santos, Boaventura de Sousa, Carlet, Flávia. 2010. "The movement of landless rural workers in Brazil and their struggles for access to law and justice". Ghai, Yash and Cottrell, Jill (Orgs.) *Marginalized Communities and Access to Justice*. Abingdon: Routledge: 60-82.

Santos, Boaventura de Sousa e García-Villegas, Maurício (orgs.). 2001. *El Caleidoscopio de las Justicias en Colombia*. 2 volumes. Bogotá: Colciencias-Uniandes-CES-Universidad Nacional-Siglo del Hombre.

Santos, Boaventura de Sousa e Gomes, Conceição (coords.). 2001a. *A administração e gestão da justiça: Análise comparada das tendências de reforma*. Coimbra: Centro de Estudos Sociais, Observatório Permanente da Justiça Portuguesa.

Santos, Boaventura de Sousa e Gomes, Conceição (coord). 2001b. *O recrutamento e formação de magistrados: uma proposta de renovação - análise comparada de sistemas e do discurso judiciário em Portugal*. Coimbra: Centro de Estudos Sociais/Observatório Permanente da Justiça Portuguesa.

Santos, Boaventura de Sousa e Gomes, Conceição (coords.). 2005. *Os actos e os tempos dos juízes: Contributos para a construção de indicadores de distribuição processual nos juízes cíveis*. Coimbra: Centro de Estudos Sociais, Observatório Permanente da Justiça Portuguesa.

Santos, Boaventura de Sousa e Gomes, Conceição (coords.). 2005. *Para uma agenda da reforma da justiça*. Coimbra: Centro de Estudos Sociais, Observatório Permanente da Justiça Portuguesa.

Santos, Boaventura de Sousa e Gomes, Conceição (coords.). 2006. *Como gerir os tribunais? Análise comparada de modelos de gestão e organização dos tribunais*. Coimbra: Centro de Estudos Sociais, Observatório Permanente da Justiça Portuguesa.

Santos, Boaventura de Sousa e Gomes, Conceição (coords.). 2007a. *A geografia da justiça: Para um novo mapa judiciário*. Coimbra: Centro de Estudos Sociais, Observatório Permanente da Justiça Portuguesa.

Santos, Boaventura de Sousa e Gomes, Conceição (coords.). 2007b. *Geografia e democracia para uma nova justiça*. Revista Julgar, nº 2: 109--128.

Santos, Boaventura de Sousa; Gomes, Conceição (coord.). 2007c. *A Acção Executiva em Avaliação – uma proposta de reforma.* Coimbra: Centro de Estudos Sociais/Observatório Permanente da Justiça Portuguesa.

Santos, Boaventura de Sousa e Gomes, Conceição (coords). 2009a. *A Justiça Penal. Uma Reforma em avaliação.* Coimbra: Centro de Estudos Sociais/Observatório Permanente da Justiça.

Santos, Boaventura de Sousa e Gomes, Conceição (coords). 2009b. Desafios à justiça de proximidade: avaliação do funcionamento dos julgados de paz. Coimbra: Centro de Estudos Sociais/Observatório Permanente da Justiça.

Santos, Boaventura de Sousa e Gomes, Conceição (coords). 2010a. *Entre a lei e a prática. Subsídios para uma reforma da Lei Tutelar Educativa.* Coimbra: Centro de Estudos Sociais/Observatório Permanente da Justiça.

Santos, Boaventura de Sousa e Gomes, Conceição (coords). 2010b. O novo regime jurídico do divórcio em avaliação. Coimbra: Centro de Estudos Sociais/Observatório Permanente da Justiça.

Santos, Boaventura de Sousa e Gomes, Conceição (coords). 2010c. *A gestão nos tribunais. Um olhar sobre a experiência das comarcas piloto.* Coimbra: Centro de Estudos Sociais/Observatório Permanente da Justiça.

Santos, Boaventura de Sousa. Marques, Maria Manuel L., Pedroso, João e Ferreira, Pedro. 1996. *Os tribunais nas sociedades contemporâneas: O caso português.* Porto: Afrontamento.

Santos, Boaventura de Sousa e Rodríguez-Garavito, César (orgs.). 2005. *Law and Globalization from Below: Towards a Cosmopolitan Legality.* Cambridge: Cambridge University Press.

Santos, Boaventura de Sousa e Rodríguez-Garavito, César (orgs.). 2006. "Expanding the Economic Cânon and Searching for Alternatives to Neoliberal Globalization". Santos, Boaventura de Sousa (org.), *Another Production is Possible: Beyond the Capitalist Canon.* Londres: Verso: xvii-lxii.

Santos, Boaventura de Sousa e Trindade, João Carlos (orgs.). 2003. *Conflito e transformação social: Uma paisagem das justiças em Moçambique.* 2 volumes. Porto: Afrontamento.

Santos, Boaventura de Sousa e Van Dúnem, José Octávio Serra (coords.). 2010. *Luanda e Justiça: Pluralismo Jurídico numa Sociedade em Transformação*, Luanda/Coimbra: Faculdade de Direito da Universidade Agostinho Neto/Centro de Estudos Sociais.

Santos, Cecília Macdowell. 2010a. "Da delegacia da mulher à Lei Maria da Penha". *Revista Crítica de Ciências Sociais*, 89: 153-171.

Santos, Cecília (coord.). 2010b. *Reconstruindo os direitos humanos pelo uso transnacional do direito? Portugal e o Tribunal Europeu dos Direitos Humanos*. Coimbra: Centro de Estudos Sociais

Sarat, Austin e Scheingold, Stuart. 1998. *Cause lawyering: political commitments and professional responsibilities*. New York: Oxford University Press.

Sarat, Austin e Scheingold, Stuart. 2001. *Cause lawyering and the state in a global era*. New York: Oxford University Press.

Sarat, Austin e Scheingold, Stuart. 2005. *The worlds cause lawyers make: structure and agency in legal practice*. Stanford, CA: Stanford University Press.

Secretaria da Reforma do Judiciário. 2004. *Diagnóstico do poder judiciário*. Brasil: Brasília: Ministério da Justiça.

Secretaria da Reforma do Judiciário. 2004. *Estudo diagnóstico Defensoria Pública no Brasil*. Brasília: Ministério da Justiça.

Secretaria da Reforma do Judiciário. 2005. *Acesso à justiça por sistemas alternativos de solução de conflitos: Mapeamento nacional de programas públicos e não-governamentais*. Brasília: Ministério da Justiça.

Secretaria da Reforma do Judiciário. 2005. *Reforma do judiciário: Perspectivas*. Brasília: Ministério da Justiça.

Secretaria da Reforma do Judiciário. 2006. *II Diagnóstico da Defensoria Pública no Brasil*. Brasília: Ministério da Justiça.

Secretaria da Reforma do Judiciário. 2006. *Juizados especiais cíveis: Estudo*. Brasília: Ministério da Justiça.

Secretaria da Reforma do Judiciário. 2006. *Justiça comunitária: Uma experiência*. Brasília: Ministério da Justiça.

Secretaria da Reforma do Judiciário. 2007. *Reforma infraconstitucional do judiciário*. Brasília: Ministério da Justiça.

Secretaria da Reforma do Judiciário. 2008. *Relato de uma experiência: Programa Justiça comunitária do Distrito Federal*. Brasília: Ministério da Justiça.
Secretaria da Reforma do Judiciário. 2009. *III Diagnóstico da Defensoria Pública no Brasil*. Brasília: Ministério da Justiça.
Sousa, Luís e Triães, João. 2008. *Corrupção e os Portugueses – Atitudes, Práticas e Valores*. Lisboa: RCP Edições.
Sousa Júnior, José Geraldo (org). 1987. *O Direito Achado na Rua. Curso de extensão universitária à distância*. Brasília: UNB.
Sousa Júnior, José Geraldo. 2002. "Conhecimento jurídico e suas formas sociais de produção". *Sociologia Jurídica: Condições Sociais e Possibilidades Teóricas*. Porto Alegre: Sergio Antonio Fabris Editor.
Sousa Júnior, José Geraldo. 2008. Direito como liberdade: o direito achado na rua. Experiências populares emancipatórias de criação do direito. *Tese de doutoramento*. Brasília: Faculdade de Direito da Universidade de Brasília.
Sutil, Jorge Correa. 2000. "Reformas judiciárias na América Latina: Boas notícias para os não privilegiados". O'Donnel, Guillermo et al (org.). *Democracia, violência e injustiça: o não-estado de direito na América Latina*. São Paulo: Paz e Terra.
Tate, Neal C. e Vallinder, Torbjorn (orgs). 1995. The global expansion of judicial power. New York: New York University Press.
Uprimny, Rodrigo e García-Villegas, Mauricio. 2003. "Tribunal Constitucional e Emancipação Social na Colômbia". Santos, Boaventura de Sousa (org.) Democratizar a democracia: os caminhos da democracia participativa. Porto: Edições Afrontamento.
Ventura, Miriam; Simas, Luciana; Pepe, Vera Lúcia Edais; Schramm, Fermin Roland. 2010. "Judicialização da saúde, acesso à justiça e a efetividade do direito à saúde". *Physis* 20(1): 77-100.
Warat, Luis Alberto. 1982. "Saber crítico e senso comum teórico dos juristas". *Sequencia*, 3 (5): 48-57.
Warat, Luis Alberto. 1992. "A fantasia jurídica da igualdade: democracia e direitos humanos numa pragmática da singularidade". *Buscalegis*, 24.

Warat, Luis Alberto. 1995a. *Introdução Geral ao Direito*. Vol. 1 (Interpretação da lei: temas para uma reformulação). Porto Alegre: Sergio Antonio Fabris.

Warat, Luis Alberto. 1995b. *Introdução Geral ao Direito*. Vol. 2 (Epistemologia jurídica da modernidade). Porto Alegre: Sergio Antonio Fabris.

Warat, Luis Alberto. 1997. *Introdução Geral ao Direito*. Vol. 3 (O direito não estudado pela teoria jurídica moderna). Porto Alegre: Sergio Antonio Fabris.

Warat, Luis Alberto. 2000. *A ciência Jurídica e os seus Dois Maridos*. Florianópolis: EDUNISC.

Wernneck Vianna et al. 1997. *Corpo e alma da magistratura brasileira*. Rio de Janeiro: Revan.

Wolkmer, Antonio Carlos. 2006. *Pluralismo Jurídico. Fundamentos de una nueva cultura del Derecho*. Sevilla: Editorial MAD.